U0037305

沉默的佛陀 與 釋迦的本心

大川隆法
Ryuho Okawa

沉默的佛陀　目錄

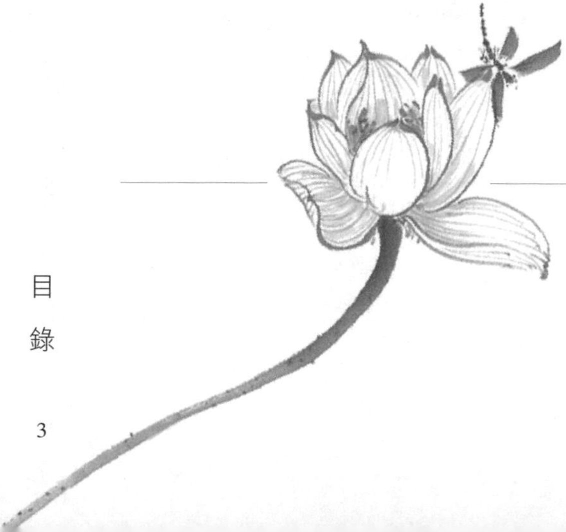

第五章 何謂智慧

第六章 解脫的意義

釋迦的本心　目錄

第四章 「空」的思想

第五章 緣起之法

第六章 人之完成的哲學

後記

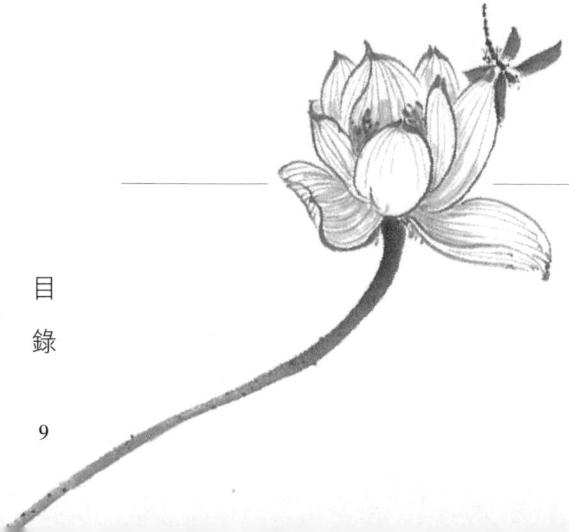

沉默的佛陀

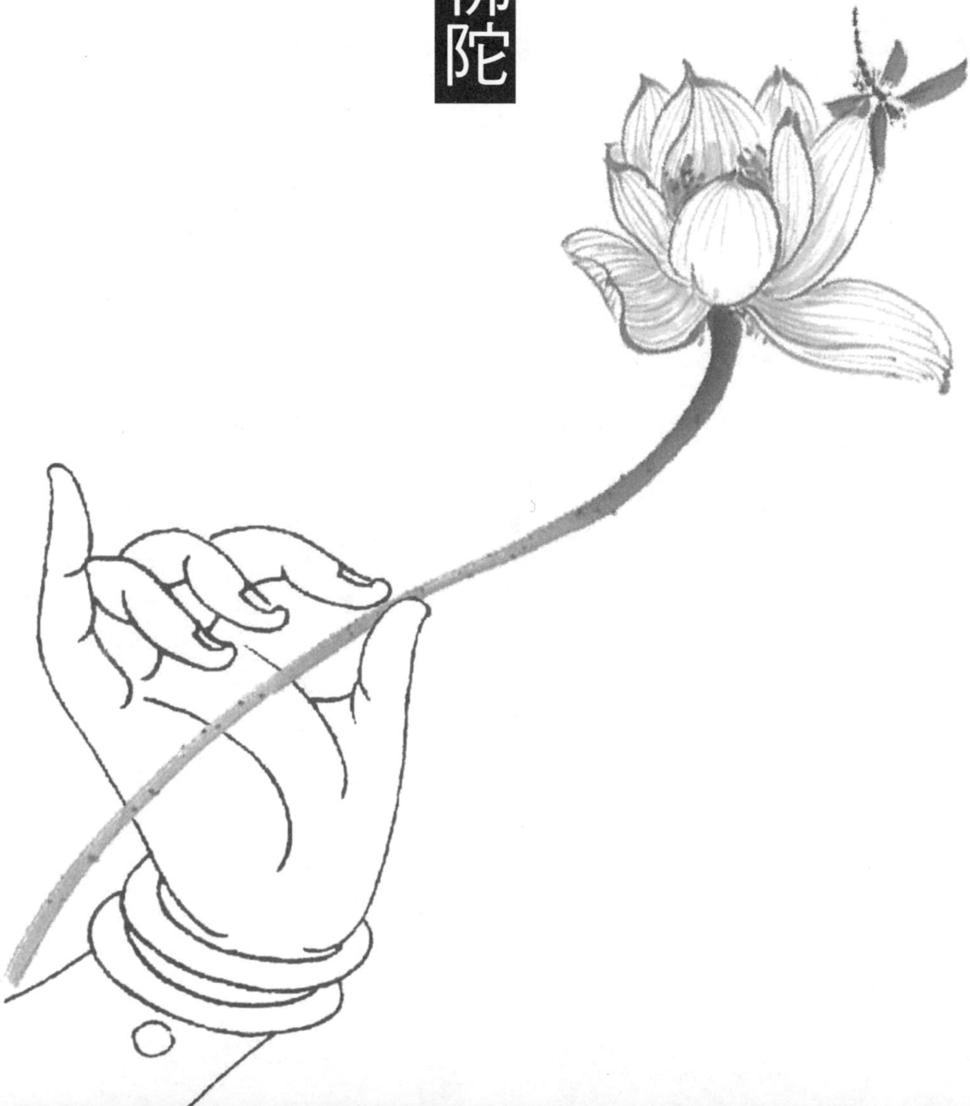

前言

「前來我正傳之法，今世再聆聽」（摘自《自證三昧》「正法眼藏」）是道元禪師所言。大意是「過去世曾經坐禪的這個自己，現在再次轉生並且坐禪。如此，為了再次領悟佛陀之法，不是要用耳朵聽，而是要以全身『聽』」。（作者意譯）

佛陀入滅二千五百年，其教義尚處於沉默之中；但揭開佛陀教義真髓的關鍵，就在修行論中。沉默的佛陀之無聲之聲，就存於其中。

幸福科學集團創始人兼總裁　大川隆法

第一章 沉默的佛陀

一、佛教中的修行論

本書將以與佛教相關的修行論為中心，逐步展開論述。關於佛教的基本思考方式及其思想發展，已在《覺悟的挑戰》（台灣 九韵文化）中論及，並且明確了我的見解與解釋。在本章「沉默的佛陀」，我將針對佛教當中的修行論，闡述我的想法，並且論述流傳至今的佛教應該採取何種修行論。

佛陀入滅已二千五百年，經過如此漫長的歲月，一切都會隨之衰老、風化，這也是無可奈何之事。這不僅僅是對宗教而言，建築物、繪畫等等均是如此。即便是曾經繁榮一時的大街，今日也許已變成荒蕪的原野，昔日的高山峻嶺，或許已成為茫茫大海，而大海也許已成了高山。

一切都將成為過去，在永恆的時間長河中，無一物能夠停留。在此種意義上，佛教的教義及其修行的姿態，隨著時間的流逝，或許也不可避免地變成了遙遠的過去。

二、佛教的基本教義——三法印

1、諸行無常

佛教的基本教義，常用「三法印」這個詞來表現。首先第一個法印是「諸行無常」。

一切都在變異轉換之中。
萬物皆是在變化、轉變，要以如此心境看待一切現象。
這一切現象之中，不僅限於物質和肉體，
還包含發自於你內心來來去去的思緒，
一切都將逝去。
一切都如流水一般，
故不可執著。
無論何事，都不能想「是自己的」。
不可認為「這就是我」；
不可認為「那是歸我的」，

不能貪圖身外之物，
一切都將成為過去。
雙親會變成非雙親，孩子會變成非孩子，
即便是夫妻、朋友，也是如此，
一切都在變化轉變之中。
要想在這樣的變化裡，
真正地思考自己人生的意義，
若不從執著中解脫出來，
就無法認清自己的真相。
人都想在固定化、固形化、
安定化、不會變化的事物中，
尋求自己。
但如此嘗試，
反倒會迷失原本的自己。
不要這樣，
當你認為「一切都在變化中，變化轉變才是真理」時，

就必須這麼想，
「若是這樣，
自己就要像是順流而下的舟筏，
度過人生。
既然無法阻止河水的流動，
那就要妥善地操縱船竿渡河」；
這就是人生的真實。

2、諸法無我

以上談到了第一個法印的「諸行無常」，接下來論述第二個法印——「諸法無我」；這個詞與「諸行無常」有著密切的關聯。如果說「諸行無常」的中心思想是說一切事物都是在時間的長河中不斷轉變，那麼，第二個法印的「諸法無我」則是從空間的觀點出發，「一切都不是實在的；從本來的世界來看，一切均是夢幻的世界」。

各位認為是「真實的」這個世界所發生的事情，
恰如夢中所見的世界，
當你醒來之後，什麼也不是真的。

可是，在做夢的當中，
各位在夢中所見到的人，
有著實際相會的感覺吧！
建築物也很有真實感吧！
食物也有真實感吧！
對方的笑容和表情也很明顯吧！
握一握手，也有著握到手的實際感受吧！
可在醒來之時，
會明白那一切不過是一場夢。
然而，那並非單純的夢，
現實才是夢，而夢才是現實，
這是最令人驚訝的悖論，是人生最大的悖論。
我們在這個世界中所認為的現實，
其實是夢境。

雖然自己生於這個世間，靈魂宿於肉體而生活著。

但從那名為實在界的世界來看，
這實際上意味著靈界的死。
靈界的靈魂死後，
正疑惑要往哪裡去的時候，
就像夢境一樣，
靈魂宿於這世間的肉體當中，
重複著生、老、病、死。
之後，又返回那個世界。
如此看來，在世間當中，
我們實際所看到的一切，均是暫時的存在。
這就是「諸法無我」，一切存在均無我。
總之，自性的事物是不存在的，萬物沒有自然生成的性質。
換言之，在這個世間，
不存在著恆常、永恆的事物。
並且，這個「法」，
並非僅意味著「存在」，

從更為深遠的意義來說，
它能讓人感覺到大宇宙的神佛的經綸。

讓所有的物質、物體和存在都以無我的形式存在，
流動於其中的，到底是什麼？
你會發現神的意念存於其中，
神的意念讓所有的現象都僅是暫時出現的。
所謂無我，
即意味著萬物本來是不存在的，
但與此同時，因為某個意念而得以使其暫時存在，
進而提供了各位靈魂修行之地。
雖然本不存在，
卻能藉由偉大的力量而使其暫時存在，
並成為了靈魂修行之地；
這就是「諸法無我」的教義。
因此，讓世間得以出現的力量當中，

不存在著「我」。

在一切得以生息、孕育的大和諧世界中，

背後存在著從不停滯、從不停歇、

偉大的、看不見的力量在運作著。

那本源的力量，亦是無我的力量。

在無我的力量之上，漂浮著無我的諸存在；

這就是大宇宙的實相。

3、涅槃寂靜

而做為佛教中心教義的第三個法印，即是「涅槃寂靜」的教義。

在早期的佛教教團中，涅槃境地是極為令人憧憬和探求的境地。據說當時所有的修行者，都是以能夠達到涅槃的境地為修行的目的。

最早品味並做為自己的東西而享受到涅槃境地之人，正是釋迦牟尼佛。他為了將那眼所不見、言語難以表達的涅槃境地教授給人們，進而講述了眾多修行論。

那麼，涅槃的境地究竟是何種境地呢？

「諸行無常」是以時間為軸心，看待無限轉變中的各種存在的姿態；而在「諸法無我」中，可以感到與一切皆空之思想相聯結的空間場所的存在。這兩者是覺悟到時間和空間中的一切，均無任何固定、永恆不變之物。然而，此時存在於此處，進行修行的自己，究竟又是何種存在呢？對此意義進行探索，即是「涅槃寂靜」的悟境。

從時間的觀點來觀看一切時，
一切事物都將流逝。
而從空間的觀點來觀看時，
一切事物原本無我。
無一物有著自體形成的性質。
亦無一物能憑藉自身之力，
永恆的存續。
現有的萬物，
均無法僅憑自己即能成立。
皆是因為某種力量而被創造，
並且也必定逐漸滅亡；
這就是世間的存在。

時間無常，
而空間則是空。
存於如此思想中的「我」到底為何呢？
的確有著「我思故我在」的思想，
然而，
在如此時間和空間的觀點上，
在這虛幻無一物，
如此縱橫交錯一樣的交叉點，
立於這十字架上的我，到底為何呢？
對此必須進行深思。

如此看來，
你本來的自己，
寄宿於這個肉體中，
擁有特定的姓名和雙親的你，
並非是你自己。

無論時間和空間，
一切無法捉摸。
存在於當中的我，
就真的是可以掌握住嗎？
答案是否定的。
這個「我」，
實際上是在神佛的永恆的時間和空間中，暫時的存在，
是能夠從其掌中看見遙遠未來的存在。
若以河流作比方，
「我」不過就是河流中漂流的泡沫。
自己就是那不知何時於河流中誕生，
且必定會消失的泡沫。
那個似泡沫一樣的自己，
現正在思索「自己到底是什麼？」
思索、思索，再思索，
便能漸漸地掌握到永恆的實相，

屆時即能進入涅槃寂靜的境地。
換言之，
要透過自己，
看透神佛本來的姿態、意圖，
看透那光明的存在。
為此，
必須保持無限地謙虛。

三、釋迦所講的無我思想

降生於世間，寄宿於肉體，
透過眼、耳、鼻、舌、身、意
這六個感覺，就會產生自我意識，
如此自我意識，會迷失本來的自己。
儘管透過眼的意識、耳的意識、鼻的意識、舌的意識、
身體的意識或大腦運作，
能觀察到自己，
但這個自己並非真正的自己。
當只能透過來自這肉體感覺的臨時自我形象，
來掌握自己時，
這將永遠不可能掌握到真正的自己。
唯有否定這個自己，
才能顯現出真正的自己。

以上就是釋迦所說的無我思想。

應否定透過眼、耳、鼻、舌、身、意所認識的自我形象，那只是肉體感覺讓你誤認為那就是你自己。然而，真正的自己絕非如此，真正的你並非如此。你所認為的你，其實只不過是個皮囊，你把皮囊認為就是你自己。

活於那永不枯竭、永久、悠久的大河般的神佛能量中的，才是你自己。用羊皮囊在這個悠久的大河中汲水，而你以為自己就是這個裝著水的東西。你認為這個皮囊中所裝的水就是自己，但是，那並非是真正的你，那只不過是皮囊的感覺。

應否定眼、耳、鼻、舌、身、意，來探究真實的自己。首先，各位要再次深入思索，透過這個眼睛的感覺所看見的，是否是真實的樣子？

比如說，夏天的飛蛾總是會朝向光亮的地方飛。飛蛾是分不清那是否是發熱的燈光，還是會燒焦自身的火焰，只會一味地向光亮處飛撲。

或許各位會認為那是微小生物，所以才會如此。但各位要知道，人類亦是如此；各位其實是有著如飛蛾撲火一般愚痴的人生態度。

為什麼會變得如此呢？那皆起因於「無明」，自己是身處於沒有燈火的狀態，所以見燈就撲，然而往往那不是燈，而是會燒身的蠟燭火焰。

飛蛾有著眼睛的錯覺，而人也一樣。人有透過眼睛的錯覺、透過鼻子的錯覺、透過耳朵的錯覺，或者是透過舌頭的錯覺、透過手指或手掌等肉體的錯覺，這樣的錯覺，確實是存在的，藉此人能感覺到善惡美醜。然而，各位必須要知道，這些感覺，與真正從靈魂的角度來看待的善惡美醜，其價值是不同的。

即便是持有著肉體在世間生活，但其中包含著許多靈性的意義，能夠看破其真相才是真正的智慧。然而若是以附屬於世俗價值觀的肉體感覺，來看待自己或他人，進而發狂的話，那麼會像飛蛾撲火一樣自取滅亡；對此，我曾一而再、再而三地反覆強調。

四、發現真正的自己

要想探尋到真正的自己，首先，就必須否定自己，否定這個「假我」。假我是指什麼呢？就是那個認為「人生僅限於此世」的自己，就是假我。

比如，許多禪宗的僧侶對「禪」有錯誤的認識，認為「人的生命侷限於此世」。也有人認為「禪即是無神論、無靈魂論」，結果只顧盤腿打坐，並且有人認為鼓足氣力去生活即是釋迦的教義、佛教的全部。

這些即是「假我」，它與「真我」相差甚遠，完全背離了佛陀的精神。那裡明明存在著無限擴展的世界，自己卻將自己逐漸禁錮於小小的範圍內。作繭自縛，把自己封閉於蛋殼當中，自閉於其中，對其它一切毫無所知；那即是無明的世界。

因此，有人埋頭於追求無我的坐禪，其結果卻與非常要不得的地方相通。所得到的不是無我，而是無佛教、無宗教、無神論、無靈魂、無覺悟等等，一切皆無的、單純「虛無主義」的否定一切。之後，會展開怎樣的人生呢？可想而知，這樣的人生還不如沒有的好。

我所說的教義並非如此；人從實在界轉生於世間，在這個世界會產生各種各樣的錯覺，也會出現相反的思想，透過眼、耳、鼻、舌、身、意會看到完全不同的世界。然而，這個世界之所以存在，是有著某種意義的。若問這個意義是什麼？答案就是「若不體驗非靈性的生活，就無法真正地理解靈性的生活是什麼」。透過將靈魂置於世間，置於這相對的世界，使其經歷靈性和非靈性這兩方面的體驗，以瞭解什麼是真正的靈魂自由。

因此，若要知道什麼是靈，就只有寄宿於肉體。寄宿於這「布偶」的這個肉體中，透過眼、耳、鼻、舌、身、意的小孔，去看世界或呼吸，唯有處於如此生活之中，才會對自由的真意有所理解。

深海中的海蟹，是在其甲殼承受著數噸重的水壓下生活，而其實世間之人也在過著類似的生活。只有在水壓消失時，才能意識到本來的自己。

五、涅槃寂靜的覺悟

那麼，「涅槃寂靜」到底指什麼呢？

在看透這束縛重重的物質世界，以及充滿迷惑的自我認識和他人評價的同時，在其中尋找超脫這一切的「自己」。在世間生活中，體驗做為實相世界居民的自己，覺醒於自己是實相世界的居民，以實相世界居民的眼、耳、鼻、口、身和思考方式，在現實世界中度過人生，這即稱為「覺悟」。於是，如此之人就被稱為已經覺悟的「覺者」，這也是「佛陀」一詞的別名。這樣的人在現實中是可能出現的，將如此的覺悟之道教導給眾人的即是佛教。

假若離開了這個地上界，不存在著眼所不見的世界，不存在靈性世界、實在世界，並且人的存在亦並非是靈性存在的話，那麼，這樣的覺悟也就不成立了。那就僅是變成單純的唯物論，和那「人死後燒成灰什麼都結束了」的思想完全沒兩樣了。

所以，「涅槃寂靜」的想法，稍不留意的話，易陷入單純的虛無主義之中。然而真相並非如此；各位現在必須要知悉永恆的實相，以那悟性的力量，度過於現象界的人生，並在生活於世間的同時，進入覺悟的世界；這就是進入了涅槃。

當然，覺悟之人最終要藉由脫離這個肉體，進入完全的涅槃。但是，在寄宿於肉體的同時進入覺悟的世界，才最是尊貴，這將為靈魂帶來最大的進化。

所以，那些「覺悟之後什麼都沒有」或「死後靈魂不存在」等思想，是完全錯誤的，切勿被如此思想所禁錮。

儘管禪修之人是在追求無我，但不可忘記，即使是曾提倡過「只管打坐」的道元禪師，也明確地承認前世、現世和來世之三世；這稱為「三時業」。關於這三個時間的「業」，道元曾明確地講到：「人是活於過去、現在、未來這三個世界的存在，如此期間的因果理法是無法迴避的，這就是佛法的中心思想。」

「禪定」應該是瞭解如此道理之上的禪定；「只管打坐」也是瞭解如此道理之上的「只管打坐」。（十二卷本《正法眼藏》〔三時業〕中，即寫到「欲修習佛祖之道，從最初階段就須明白這三時的業報之理」。）

那麼，為什麼要打坐呢？坐禪究竟會得到些什麼呢？在川流不息的過去、現在、未來的時間中，在諸法無我中，藉由凝視突然出現於現今的自己，突破這時間和空間的障壁，覺醒於本來的自己，覺醒於與大宇宙、佛心同為一體的自己，尋求如此覺悟即是禪定。倘若那般世界根本不存在的話，那麼坐禪也只不過是一種腿部訓練而已。

除此之外，如同有些坐禪者只是漫無目的地坐著進行腿部訓練，有人專走山路進行腿部訓練一樣。在千日間，每天步行山路幾十公里，或許可以使身體強壯起來，某種意義上亦可以鍛鍊精神力吧！但是，無論走多少山路、攀登多少懸崖峭壁，那也只不過是天狗、仙人的世界，離佛陀的悟境還相差甚遠。

更有人採取斷食，對自己的肉體展開徹底的蹂躪。斷食期間，意識逐漸變得朦朧，進而周圍開始出現魔界的存在，並進入身體當中，有許多人會誤認為是聽到了佛神的聲音。這是一種誤認為讓肉體和精神遭受痛苦，便可獲得覺悟的錯誤思想。

儘管佛陀是藉由與如此想法訣別後才獲得覺悟的，但目前仍有人想透過肉體苦行的方式來獲得覺悟。這一點從相反的意義來看，這些人仍被肉體給侷限著。他們視肉體為罪孽之因，以為消滅肉體即能獲得覺悟，但是，僅靠否定肉體，覺悟是不會出現的。

如果現在還持有肉體生活著，就應該在持有肉體的期間，追求覺悟。覺悟不是否定肉體就能得到的，必須知道在擁有肉體的同時，超越這種肉體感受，超脫自己；這就是覺悟。

那般否定肉體，與自殺相連結的思想，肯定不是一種覺悟。倘若這便是覺悟的話，那麼，殺死剛剛出生的孩子，就是最接近涅槃的行為了，就是母親的工作了吧！但現實並非這樣。

的確，這個世上充滿痛苦，人生遍佈苦楚，但若是能藉由在如此痛苦中尋找到真實，這個苦即會變成巨大的喜悅。

六、「真空無相」、「真空妙有」與「空」的覺悟

以上講述了一切事物都是無常、無我，並且也講述了那絕不能單純地與虛無主義相提並論。

與這個「空」的思想相關的，有「真空無相」、「真空妙有」的詞語。即「真正的空是指無相，沒有形姿」，以及「真正的空、真空是指妙有、奇妙之有的存在」；這其實也是解明「空」的關鍵。所謂的空是一把雙面刃，透過兩側來顯示出其中的真姿。

「真空無相」是指什麼呢？在世俗當中，有人被各種各樣的東西所束縛。他們執著於自己的面子、出身、財產、地位、頭銜、公司，以及其它等世俗之物，並以此來定義自己。

應該對這些人說：「真空無相，真正的空即無形無姿。你所掌握到的、你認為這才是真正的自己、自己的東西、自己的所有物，其實那一切皆為空，要否定這一切。這一切皆為夢幻，對此不可執著，必須捨棄。」這就叫做「真空無相」；然而這並非是真正的「空」的樣子。

與此相反的即是「真空妙有」，真正的空又轉化為妙有。

如果從「執著」的這個觀點出發，必須要否定一切，一切皆是注定消失的夢幻般

之存在，然而如果僅是以夢幻來看待一切的話，那就會陷入了單純的虛無主義之中。那就會變成「人生既無夢想也沒有希望，生存本身即是痛苦，能夠儘早離開這個世界才是幸福，否定肉體就是幸福」。這等於是在勸導人們自殺，並且破壞一切。如果是這樣的話，那麼，用核彈使地球消失的人，就可算是獲得最高覺悟的大英雄了。

但是，真的是這樣的嗎？那真的是佛心嗎？肯定絕非如此。在這個地球上，在這個靈魂修行之地中生存的一切，雖然都有著各種各樣的煩惱和痛苦，但是，那並非真相。因此，只是毀滅某地某物的行為，是不可能得到幸福的。在這修行之地，亦是可以展開截然不同的樣貌的。

在領悟到一切都是夢幻的同時，還要思索在夢幻當中為何有著現在的自己？為何有著現在的你？為何有著現在的天空、雲彩、雨水、河流、山嶺、稻田、植物、蔬菜、稻穀、動物？既然已覺悟到一切都是夢幻，然而，眼前這儼然存在的世界又是什麼呢？夢幻雖然是真相，但同時在這個世間，亦展現著富饒藝術的美麗世界。是什麼讓如此世界展現的呢？

那即是佛的慈悲；正是因為那般慈悲，才能展現出這個現象界的美景。

既然如此，至今使自己感到痛苦，那有如夜叉般的敵人，或者如果是正在吵架的夫妻，那讓你感到苦處的對方，對於那些看起來像鬼或蛇的人，必須以一切皆空、真空無相而觀之，斷卻世間的執著。並且再進一步，對於現今賜予自己這靈魂修行之地，那偉大的佛之慈悲抱持著感謝之心，以如此之心看待眼前一切時，你便能發現一切彷彿雨過天晴般的世界，滿溢陽光、彩虹旖旎。

「這一切都是為了自己、為了勉勵自己而存在的。無論痛苦或悲傷，或者是那些在現世裡表現為惡的人事物，都是為了指導自己、引導自己而存在的。」當你能如此覺悟時，世間即會展現如天國般的美麗世界；這就稱為「真空妙有」。

一切事物皆是夢幻，但同時一切事物亦是美麗的藝術。對此有所覺悟時，對這兩種衡量尺規有所領悟時，人即能不再執著，並且又能不失希望地生活下去；這即是一條偉大的「中道」之路。

「不因生活於世間，而否定一切。但亦不是單純地肯定現狀，透過否定來觀察現狀，從中尋覓出美好的東西，以及自己的可能性。透過這樣的努力，個人的自我修行亦處於佛光之中，處於佛光的藝術之中。」知道上述道理，就是偉大的覺悟。

七、「沉默的佛陀」的教義

為了能理解如此偉大的覺悟、空的覺悟，在此所開展的即是修行論，這亦是本書諄諄闡述的「戒、定、慧」的世界。

守戒、禪定，進而得智慧。
藉由得到智慧，
便可獲得斬斷世俗束縛、執著的力量。
之後，體會到解脫的滋味。
當體會到解脫的滋味時，
即能覺悟到世間亦是佛的偉大慈悲所創造，
進而繼續於現象界當中努力。
此時，為了讓眾人能從此岸渡往彼岸，
便出現了照料渡河的菩薩之工作。
試著引導、引渡更多的人到達覺悟的彼岸，
如此肉身菩薩的工作，就此展開。

當脫離一切我執，
知曉真實的自己，
以真實的自己為中心，
再次以完全不同的眼光觀察這個世間的存在方式，
此時會感覺到感激與喜悅，
並興起亦要將他人渡向覺悟彼岸的心境，
要拯救一切眾生於苦難之中；
胸中會湧現如此宏偉的大悲之心。

這就是我向各位推薦的人生修行之道。

佛陀在二千五百年前，於印度拘尸那迦離世。然而，佛陀遺留的「三法印」和「戒、定、慧之三學的修行指針」，尚存於至今。藉由熟讀本書，可將三法印和三學之佛教的基本，轉換為各位自身的思想。

戒、定、慧的修行，就是「沉默的佛陀」之教義。在沉默之中，遵循這修行方法的過程之中，你一定能聽到這沉默的佛陀的聲音。

跟隨我來，

只須緊跟。

看著我的背影，跟隨我來。

看著我打坐的身形，你們也進行打坐。

看著我覺悟的樣子，你們也覺悟吧！

佛陀至今未死，佛陀仍活於其思想、教義及修行論中。這永恆佛陀的沉默之聲，於此書中靜靜迴響。

本書到底是依循誰的思想所寫下的，各位必定會逐漸領悟。祈禱各位能再次確認，那持續保持沉默的佛陀之聲，即是本書的內容。

第二章

四弘誓願

一、修行者常立的典型四大誓願

本章將論述「四弘誓願」之主題。

「四弘誓願」即指「四個宏大的誓願」。自古以來，學習佛法者均有著崇高志向，勤於精進修行，而能夠將致力於佛道修行者應留意之事，表達得如此簡明扼要的，就是這「四弘誓願」。並且我們可以將此定義為「求法者，即修行中的菩薩或佛（如來）所立下的四大誓言」。

然而，聽到「菩薩」和「佛」等詞後，或許有人會覺得「自己既不是菩薩，也不是佛，因此與己無關」。不過，這麼認為也太早了點。大乘佛教中的「要成為菩薩」，乃是每個人的目標。當然，出家人是以成為菩薩為目標，而提出「在家信徒亦可成為菩薩」之訴求的，即是佛教的大乘運動。

現實中能否成為菩薩，是另當別論，但只要進行修行，就能一步一步地往菩薩境界邁進，這是不會錯的。今世如果能夠成為菩薩當然最好，但即便今世未能成為菩薩，只要播下能夠成為菩薩的種子，日後終將會成就。不播種則不會開花，不播種亦不可能結果。

播下成為菩薩之種子，這是任何人都能夠做到的。雖然不能確定收穫是在今世，還是在來世，或是在遙遠的未來，但可以說的是，播種本身即是菩薩行。所以，不論任何人都能以成為菩薩為目標。

反之，對那些已經成菩薩（佛）者來說，也就無須立下這「四弘誓願」了。正是因為尚未成為菩薩，所以才有必要立下如此誓願。從這個意義上說，這是一個平等地為眾人敞開的法門。

如以上所述，四弘誓願是立志成為菩薩的修行者，所應該立下的具代表性的四個誓願。

以下章節，將依序說明這四弘誓願。

二、眾生無邊誓願度

首先是「眾生無邊誓願度」。

「眾生」是指所有的生物；具體來說，當然是以人類為中心，加上數量如恆河砂粒般的其他生物。「無邊」是指數不盡的生物、人類。「度」與「渡」意相近，即「濟度眾生」之度，也就是「拯救」之意，或者說「引渡至覺悟之彼岸」的意思。

這是一個立下「眾生雖無邊，但亦想盡心濟度」的誓願，亦即誓願要拯救無數的人類、要讓無數的人類渡往覺悟的彼岸，這即是「眾生無邊誓願度」。

用幸福科學的話來說，「眾生無邊誓願度」，即「誓願拯救地球上超過五十五億的所有人類」。即使有五十五億之多，亦勇往直前，不論是五十五億，還是八十億、一百億，甚至無數，我們也不會停止如此修行，不會放棄拯救人類的活動，誓願拯救所有的人。

這是無與倫比的愛心；有時有些人會對此產生誤解，但這不是極權主義的思想。這是想要拯救一切眾生的思想，所以是菩薩的本心。

三、煩惱無盡誓願斷

第二個是「煩惱無盡誓願斷」。

這是「煩惱雖無盡，也要將其斬斷」的誓願。當反覆讀誦這句話時，心中必定會有所感受，並且會感覺到「煩惱的確是無窮無盡啊」！

煩惱每天都會出現，即便消除了昨天的煩惱，但今朝又會產生。今天將其消除，明天又會出現，似夏日的雜草，無論怎麼去拔、怎麼去割，都還是會再長出來。煩惱就像這些比喻一樣，雖然你認為「至昨天為止的事情已經清算了，再不要出現煩惱就好了」，但仍舊會出現。即便你認為「明明昨天已經確實反省了，為何還是會萌發煩惱？」但就是會出現煩惱。只要活著，煩惱總是會出現。

這是因為煩惱與人類的生存能量、生命能量是一體不可分的，故不可能簡單地根除掉。這就有如令人厭惡的夏天雜草，如果在庭院撒下除草劑，雜草的確是除掉了，但是花草、果樹也就不會生長，進而變成乾涸的黃土、雜石，像沙漠樣的不毛之地。

如此結果能說是天國嗎？答案是否定的。

肥沃的土壤，還是必須要生長著各種花草樹木。此時，雖然會不斷萌生雜草，但只要即時妥善地割除、摘除就好了。在雜草不生的土地上，是什麼也無法培育的，切不可使其變成如此不毛之地。

不可以為了斷絕煩惱，而成為毫無生命力、不知是生是死、麻木不仁、無精打采的人。為了不長雜草，而導致無法栽培重要的作物，切不可變成如此。

因此，各位的土地、農田肥沃、富饒是一件好事，但是伴隨而來的，當然雜草就會叢生。雖然有時會想要撒手不管，讓雜草肆意生長，但還是得努力地及時割除。

這所謂煩惱的惡性精神作用，會不斷湧現，有時剛進行反省，下一個瞬間又出現不同的煩惱。然而，仍必須斬斷這看似無盡的煩惱，每天地清除。

煩惱無盡誓願斷也可定義為「誓願斷絕一切煩惱」。雖然有時人們將「無盡」之詞置換為「無量」、「無數」，即「煩惱無量誓願斷」、「煩惱無數誓願斷」，但「無盡」一詞，更讓人產生繁衍不息之感。

四、法門無量誓願學

第三個是「法門無量誓願學」；對此，幸福科學的會員應該感受很深。「法門」即是指教義，常說「釋迦有八萬四千法門」，這意味著其教義的數量非常地多。我的教義也是如此，一次一次的講演、一本一本的書籍，皆是在講述不同的內容，所以每次皆是一個新的法門。法門即是到達法之門，聽了這個教義，便可進入覺悟之門。

我講述了非常多的教義，新書一本接一本地出版，新的法不斷問世。「若是講同樣的內容，或許還能背起來，但每次講的內容皆不同。這一點真是受不了，記得了新的內容，便忘了舊的……」如此苦惱，幾乎是學習中的人都會有的吧！

於是，就出現了這個「法門無量誓願學」的教義。也就是誓願「法門雖無量，但也要徹底學盡」，立下要徹底學習所有佛之教義的誓言。

也有人將「無量」置換為「無盡」；「法門無盡」，法門雖無盡頭，「誓願學」，也誓願學習。也有人使用「知」這個字，說成「法門無量誓願知」。有各種各樣的說法，但光是這樣就難以學盡了，所以記得第一種說法就好了。

要學盡一切教義，這實在很難，但仔細一想，這也是件難得的好事。如果一次的轉生，一次的人生當中，只能學習一個教義的話，那麼，輪迴轉生就會變得很沒有效率。各位為了轉生到此世，先要到靈界的「轉生中心」，似蠶居於繭殼之中，之後終於懷入母胎，經過十個月的忍耐而誕生。直到長大成人，又得進行二十年的寒窗苦讀，才終於能進行做為一名普通社會人士的判斷。之後，與法結緣，學到一個教義之後，就返回靈界，之就又再一次地輪迴轉生。不得不說，這樣的效率實在太差了，生產性太低了。

有著一生都學不完的法，實在是一件慶幸的事。為何這樣說呢？因為在法當中，蘊藏著憑藉自身的經歷所無法學習到的道理。本來是必須透過屢次輪迴轉生，歷經各種立場、人格和身分，才能體驗、覺悟到的內容，如今皆明示於教義當中。所以不需要特別地屢次輪迴轉生，進行體驗，就能夠一次學到；今生是一座寶山啊！

因此，當你開始感嘆「再也學不下去了」的時候，請你想像這樣的場景：當你邁著沉重的腳步行進在山路中，雙腳腫脹、筋疲力盡，在接近山頂之處發現了一個山洞。進洞一看，裡面有個珠寶箱。開蓋一瞧，盡是寶物；珍珠、鑽石等寶物什麼都有。好不容易登山到此，得到了這麼多的珠寶，此時該怎麼辦呢？若全部拿走，在下山時，你會說「拿這麼沉的行李，太重了」，而只拿一個珠寶下山嗎？只拿一個珠寶下山，然後再上山，再拿一個寶石下山，你會這樣做嗎？

雖然很沉，你還是會全部背回家吧！等到下次再上山來時，或許珠寶已被別人發現拿走了。因此，不管有多重，就是把帶來的行李都扔掉，也要把珠寶全都背下山吧！人一天不吃也沒關係，通常都是會想要把珠寶都背下山去的。

所以，對於「法太多」而嘀咕的人，就像是在抱怨「鑽石、珍珠、金子太多太沉，拿不動了」一樣。要是財寶箱的蓋子「啪」地一聲關上了的話，那就沒什麼好抱怨了，因為那全部是發牢騷之人的責任。

因為珠寶盒是打開著的，又是全能夠拿回去的，所以應改變自己的思考方式。如上所述，在感到無法學盡的時候，就要想到「自己在浪費珠寶啊！」當你猶豫「能不能先下山，然後再登山來取」時，就應該下定決心「那恐怕不行！若是這樣的話，今生就要努力學完了再回去」。

此外，即使你來世轉生之後，環境也與今生不同，屆時也不會講述相同的法。來世所學的或許已不是原版，而是翻譯本或解釋本，或者是弟子注釋的讀物等。雖是珠寶，卻已混入了雜質。雖然看起來製作精良，而實際上鍍金當中已混有雜質；為此，還必須辨別其內容是鍍金的還是純金的。來世還會另有艱難的修行，趁著還在今世，就必須竭盡全力學習。

因此，當你認為無法再學下去時，只要重複讀誦「法門無量誓願學」就行了，或者書寫下來貼在牆上。

五、佛道無上誓願成

第四個是「佛道無上誓願成」。這是誓願「佛道雖至高無上，但定要成就」，也就是誓願到達最高境界的覺悟；也可將最後一個的「成」置換為「證」。

「佛道」是指覺悟之道，或者是成佛之道。各位心中要有著如此念頭：「雖然明白佛道是至高無上的、是最高的境界，也明白最高的境界是難以企及的、可望不可及的，但是，還是想要達成。即使非常清楚難以成佛，也明白那是最高境界，所以才難以達成的。但我一定要完成如此修行而成佛。」

因此，「佛道無上誓願成」的誓言，讓人感覺這並非僅限於今世的誓願。如此誓言，應該是屢次轉生都應持續下去的誓言。

六、總願與別願

以上談到了「四弘誓願」；第一是「眾生無邊誓願度」，第二是「煩惱無盡誓願斷」，第三是「法門無量誓願學」，第四是「佛道無上誓願成」。

這四句雖然很短，但也可做為經文來念。如果每天有空暇時間，可時而反覆讀誦，有時會有所領悟。

當你對某人感到「這個傢伙真可惡」時，就必須想到「眾生無邊誓願度」。

此外，當你認為今天內心清淨平和，能夠進行精神統一時，忽然眼前一位美女飄然而過，進而目光轉移到美女身上時，此時就應立即提醒自己「煩惱無盡誓願斷」。

因為佛法真理考試的結果很不理想而心灰意冷時，就應該想到「法門無量誓願學」。

當你看到別人非常善於學習，各方面的修養都不錯，還特別擅長說法時，會感到「自己是很難做到那般程度，我看這輩子沒指望了」時，就應該於心中誓願「佛道無上誓願成」。

這個四弘誓願在印度的經文中未曾發現（注一），而是在中國成立的，但不能說因是在中國成立的就不行。我認為，四弘誓願對佛教之根本表現得淋漓盡致。中國人的漢語能力、古文能力極高，用漢字如此表達，奧妙無窮。

我曾經查閱原典出自何處，如《四弘誓願》曾在唐代湛然（七一一年～七八二年）的《止觀大意》中出現過；在本會著名的天台智顗（五三八年～五九七年）的《次第禪門》、《摩訶止觀》第十卷的後面也有記載。此外，雖然沒使用《四弘誓願》這個詞，但在天台智顗的老師南岳慧思（五一五年～五七七年）所著的《立誓願文》中也有相同的內容。在他另一本《諸法無諍三昧法門》中，似乎更加明確地寫有「四弘誓願」。而在日本，惠心僧都源信（九四二年～一〇一七年）的《往生要集》中也有記載。因此，可以說四弘誓願成立於中國，其後傳入日本，其思考方式簡明易懂，是佛道修行者必不可少的想法。

四弘誓願中的心願稱為「總願」，意思是「所有菩薩都能立的誓願」、「所有菩薩共通的心願」。從「這個誓願適用於任何人，任誰都能使用，任誰都能立」的意義上說，四弘誓願稱作「總願」。

與其相對的詞語是「別願」，指「個別菩薩的特殊心願」，或者說是各個修行者個別所立的願。譬如，新年一開始，訂立今年想要完成的願望，「今年的傳道目標是三百人」、「要在今年的佛法真理檢定中獲得滿分」、「今年要爭取更高的講師資格」、「今年要解決長年以來的難題」、「今年要增長一些海外見聞」等等，個人的願望各有不同；這就稱作「別願」。

典型的例子是阿彌陀如來成佛前，做為法藏菩薩修行時所立的「四十八願」。這個誓言是「我若不完成四十八願，則不成佛」，其中，第十八願最為重要（注二）。此外，「藥師如來的十二大願」，這是有關治病的誓願。如此，各個修行者、菩薩或如來都立了很多誓言。

某經典中曾記載了「釋迦菩薩五百誓願」；這些是後世所創立的，釋迦本身不記得曾說過如此話語，但其內容是講述釋迦在成佛前的菩薩時代，曾立過多達五百個的誓願，進而做為別願而流傳了下來。

然而，四弘誓願是每個人共通的總願，所以不可迴避。請立下如此誓言，或者是心中也有著如此心念。而對於別願，自己可以立下個別的誓願，根據自己靈魂的個性立下別願。

以上即是「四弘誓願」之「總願」和「別願」的說明。

七、誓願的雙重結構與「利他」之道

我想對四弘誓願的構成做進一步的分析。第一個「眾生無邊誓願度」這句話本身，就是明顯地「利他」，其中含有「利他」的教義，可看出是利益他人的。「眾生雖然無邊無際，但也誓願濟度」，這句話表達了利他、愛他行或慈悲行，是一種徹底的利他。

從第二個「煩惱無盡誓願斷」來看，「即使煩惱無窮無盡，但也要斬斷」；因此，聽起來有點個人修行的意味。之後是「法門無量誓願學」，指「法門即便無量，也要學習」，最後是「佛道無上誓願成」。從第二到第四，這些話語全都可以歸納為個人修行方面。因此，可以認為這些與「利自」相當，用過去的話來說，即是「自利」。

「眾生無邊誓願度」是利他行，第二到第四則屬於利自行。關於利他的為一項，利自的為三項，不得不令人思忖「這樣到底好嗎？」、「既然是大乘菩薩的誓願，這樣做真的好嗎？若只是在追求自我完成，這只能是阿羅漢的目標，不就是小乘時代的目標了嗎？」

在此，若對這四個誓願再做深入仔細的分析，即能看出其呈現雙重結構。

如上所述，第一階段可分為利他和利自，但更加深入一步，對於「煩惱無盡誓願斷」，只要是世上活著的人，都會出現煩惱，但僅是消除自己的煩惱是否就夠了呢？是不夠的。其他人也是在名為煩惱的惡性精神作用下痛苦，必須要剷除掉這些惡性精神作用，必須要滅掉這些火炎，必須要解除他人的痛苦。因此，這個「煩惱無盡誓願斷」，也可以解釋為協助他人斬斷煩惱，引導所有的人熄滅煩惱之火炎。

其次，「法門無量誓願學」，也並非只做好自己的學習就行了，還要引導所有的人來學習真理。

然而，大多數的人會抱怨「沒辦法學那麼多」、「連自己都這麼費力，那些興趣缺缺、修行尚淺的人，那就更困難了」、「不管是一百本書或十本書都讀不下去，我讀一本書的時間也沒有」等等。

對於這樣的人，應該提出各種建議來加以引導：「不，沒有那回事」、「教義雖然看似很難，但如果用這樣的學習方法，就會很好理解喔！」、「你看不懂的這本書的真正的意思是這樣的」、「請用這樣的方法來學習」、「這教義的重點在這裡」，於是此人就會逐漸能夠學習了。

或者，利用各種方便加以引導：「一起參加講座吧！」、「試著參加研修會吧！」、「去聽聽演講吧！」當此人漸漸深入學習之後，就會覺得「原以為那麼難、根本無法學習的內容，卻變得這麼容易理解了」。

就像這樣，如此誓願亦是在勸導他人學習，誓願一切眾生能一同學習法門。

第四個「佛道無上誓願成」也是一樣，這並非只是讓自己一人能夠覺悟就好了，而是應該心懷讓所有的人都能覺悟的願望。

常常會有人說「禪宗雖然是大乘佛教，但那不是在尋求個人的覺悟嗎？」但未必是如此。在道場當中坐禪，看上去似乎沒在思索他人之事，然而禪宗希望每個人透過坐禪而成道。道元的《普勸坐禪儀》一書，表明了他想要推廣坐禪的願望。或許沒有人會去進行那般嚴酷的修行，然而實際去推薦人們坐禪，人們還真的去坐禪。所以，即使是坐禪，也無疑表達著大乘的精神。

上述中列舉的第一個「眾生無邊誓願度」，誓願拯救所有人的願望，針對如此願望深入思索的話，就會發現其實其中亦蘊藏著想要斬斷所有人的煩惱、願所有人徹底地學習佛法、願所有人均能成佛的心願。

由此看來，之後的三個誓願是對「眾生無邊誓願度」這句話本身進行更具體的說明；這就是雙重結構的第二層意義。

如上所述，「四弘誓願」的內容可區分為利他與利自，但總的來說，一切又與利他相連。

八、邁向「上求菩提、下化眾生」

「四弘誓願」包含了緣聚於幸福科學的人，所有應該做的事情。我曾在《覺悟的挑戰》（台灣 九韵文化）的下卷第二章「小乘與大乘」中，講述到「上求菩提、下化眾生」。向上追求菩提，即追求覺悟，同時又要向下教化眾生，也就是加以教育或引導。

這兩句是分開來看還是不分開來看？因為向量相反，可以被認為是互不相關的事情，但歸根結柢還是一體的；可以說，這「四弘誓願」也是相同的道理。

從第二項到第四項，似乎與「上求菩提」差不多，但實際上是與「下化眾生」相同。首先，自己要斬斷煩惱，然後懷著學習無止境的心境進入悟道修行，這樣一來才能救渡他人、救濟所有的人。乍看之下，那似乎是朝著不同的方向，但其實是一體的。因此，希望各位透過這「四弘誓願」，對於「上求菩提、下化眾生」這句話重新學習。

讀完這一章，請把「四弘誓願」寫於紙上，貼在醒目的地方。簡短的幾行應該不會那麼難記，所以如果可能，不僅讀誦，還可將內容背誦下來。之後自己如有不足之處，若能重新調整己心，再次努力的話，就一定能夠度過美好的人生。

注一：我曾論述到「四弘誓願」並非是成立於印度，而是中國。但有一個很罕見的事例，在《佛說觀彌勒菩薩上生兜率天經》中，可以看見「四弘誓願」這個詞。然而，現存的這本經典只有一卷劉宋時期沮渠京聲（匈奴人，生年不詳，約卒於西元四六四年，世稱安陽侯。為河西王沮渠蒙遜之從弟。梁僧祐《出三藏記集．卷十四．沮渠安陽侯傳》說他「志強疏通，敏朗有智鑒，涉獵書記，善於談論」。幼時即受五戒，銳志於內典之研究。凡所讀經，皆能背誦。）的漢譯本，而沒有梵文原文經典。漢譯者是沮渠京聲，他於西元四百五十四年在中國的建康（南京的舊稱）開始經典的翻譯工作，他似乎是在高昌（現今新疆東北部的吐魯番一帶）取得了經典原文。因此，由經典的內容來看，很有可能是參照印度的資料，並在亞洲中部的高昌一帶譯製編纂完成的。（參閱渡邊照宏著作集 第三卷《彌勒經 —— 愛與和平的象徵》二三八～二四〇頁）

注二：在《無量壽經》所說的四十八願中，最有名的是第十八願：「我作佛時，十方眾生，聞我名號，至心信樂。所有善根，心心回向，願生我國。乃至十念，若不生者，不取正覺。」（我於未來世返回天上界成佛的條件就是，若是所有人皆願生於天國，但卻無法生於天國，那我即無法成佛。）此為法藏菩薩所立的誓願。但是從法藏菩薩已經成了阿彌陀如來這一點來看，其願望已成就，這就是說只要興起念佛之心，誰都能成佛；這就是淨土真宗的根本教義。然而，這與釋迦教義的直接關聯性很淡薄。（參照特別講座講義書籍《「太陽之法」講義》〔幸福科學總合本部〕）

第三章

何謂戒律

一、三學（戒、定、慧）與五分法身

本章將對「戒律」進行論述。

本章的主題是以釋迦教團時代的戒律為中心，雖然是闡述古老的內容，但是我想，隨著幸福科學擴大到如今的規模，該是到了必須要有某些戒律的時期了。此時，不應單純地隨便想出什麼新的內容，而應該藉由學習過去的做法，重溫當時的知識，從過去透射至現在的光明當中，可以很清楚地認識現在，於是就能知道哪些是我們該做的？而哪些又應該是淘汰不予採用的？哪些是該重新採用的？無論如何，不能單純地分割「現代是現代，過去是過去」，即使是以前的戒律，也應該吸取其精神。

關於戒律，有時候只簡單地稱為「戒」，把「戒」、「定」（包括精神統一、反省、瞑想），以及智慧的「慧」這三者合起來，就稱為「三學」；此是出家者修行的中心課題。

因此，出家後學些什麼呢？可以說中心內容就是這個「戒、定、慧」。透過遵守戒律，而形成一個不犯惡、推廣善的防波堤。並且，透過遵守戒律，統馭己心使己心不紊亂，進而再藉由精神統一來進一步磨練己心，使其淨化。於是，藉由持續地守戒、精神統一，將會產生內在的智慧之光；這就是所謂的「慧」。這個智慧之光，僅憑世間的學習和研究是無法獲得的，而是一種蘊含著洞察的深遠智慧和知識。就是為了掌握這三學，佛弟子正在努力修行。

除此之外，還可以列舉第四條的「解脫」；解脫是指斬斷、脫離迷惘，而進入覺悟的世界。這是接近最終目標的狀況，「戒、定、慧」的結果，就是得到「解脫」。接下來，是知道自己已經解脫的「解脫知見」。

「戒、定、慧、解脫、解脫知見」的五個狀態，稱之為「五分法身」**（意指為了成佛而分為五個階段的修行範疇）**；人們常將其表達為「三學與五分法身」。

二、戒與律的不同

「戒律」常常都是做為一個詞來說，那麼「戒」和「律」是否為同一個意思呢？對此，雖然人們並未有很深的認識，但嚴格來說，兩者意思是不同的。「戒」是梵文的 Sila，「律」是 Vinaya，兩者本來就是不同的字。

「戒」是修行者站在自己主觀的立場，認為「自己想要遵守這些」，進而訂下的規範。因為是自己自主地想要遵守，所以對此沒有罰則。若是破了戒，其反作用力，就是對自己的反省或是悔恨。破戒之時的痛苦，即是自己的良心會有痛感。

與此相對，「律」是有著明確罰則的；這就是指「不可違反某某規則，否則，將無法維持教團內共同生活的秩序，因此會明確的處罰」。當然，處罰有重有輕，種類也是各種各樣，總之不會坐視不理。

這在社會當中也是如此，從大的方面來講，國家有著法律。現代社會，透過刑法、民法等各種法律，以解決爭議或設置罰則，然而在當時還沒有這樣明確的法律。至少釋迦教團內部還是一種自治組織，國家法律不適用。因為，僧伽是自治組織，即使是國王，也不能用國家法律來處罰生活在僧伽內的人（與現代是大不相同）。

但這並不意味著就可以隨意妄為，因為僧伽內部也有著明確的罰則規定，僧伽內部的人是不被允許違背法律的；這樣的內部規律稱為「律」。但是有時，簡單地稱之為「戒」當中，常常含有「律」的意思，希望各位對此能多加留意。

「戒」是自己主動遵守的，為什麼希望人們自主守戒？那正因為是自己主動遵守的誓言，所以才會興起菩提心，即求悟之心。其結果會產生覺悟的境地，也就是涅槃境地。換言之，為了從菩提心到達涅槃之路，無論如何也都要自主的「持戒」。並非是像法律一樣，對一切實行規定就行，唯有自己主動地持戒遵守，才會興起菩提心，才能與涅槃之路相連。從這個意義上講，對修行者來說，「戒」是非常重要的。

三、三皈五戒

以下，將對「三皈五戒」進行論述

「三皈」意思指「皈依三寶」，「皈依三寶」也稱為「三皈依」，就是皈依佛陀，皈依佛陀所講述的法，皈依佛陀所建立的僧伽以及修行團體的規則。皈依「佛、法、僧」三寶，經過授戒，即可以成為佛教教團的信徒；這個制度稱之為「三皈五戒」。

當然，僅是三皈依就可以成為信徒，然而當時熱心的信徒還會主動受五戒。此外，對於出家的比丘、比丘尼，接受了比在家信徒嚴格更多的眾多戒律。歷史當中，入信和入團的儀式有著各種變遷，出現各種各樣的認定方式。

釋迦本身當然也是僧伽成員之一，那麼他是否曾誓願皈依三寶？是否曾受過具足戒？答案是否定的。因為釋迦本身是「無師獨悟」，無師自悟的。

除此之外，還有一些在初期的弟子，他們是因為釋迦勸說「跟隨我來」而加入僧伽的。之後，教團制度才漸漸完善，建立了系統的規章制度。

做為入團儀式來說，首先是說三皈依：「我皈依佛陀，皈依法，皈依僧。」在大家的面前，說出三次這誓願皈依三寶的話語。宣誓之後，就會聽到「好！容許你加入釋迦教團，往後要遵守以下的規則」，於是就會被授予「戒」。一般的信徒是受「五戒」（五個戒律）就行，但是當時做為專業修行者而修行的人，有更多的戒律。

當教團發展到一定規模後，出家時就必須選擇「和尚」做為自己的老師。首先，必須決定自己在哪位師父底下出家，否則就無法出家。

首先須言明「因為某某師父非常優秀，我希望做其弟子」。然後到師父那裡請求：「讓我出家吧！」「明白了，那就三皈依吧！之後我將授予你具足戒。」當和尚授戒予弟子後，師徒關係就算成立；這是方式之一。然而因為隨著教團的規模擴大，釋迦變得愈來愈難以直接掌握弟子的一切了，因此，漸漸地形成了徒孫式的制度，委由師父來指導。

剛出家時，首先必須要有人照料「僧衣的配給，托缽的方法，食物該如何處理」等等。之後，一天當中前往師父那裡數次，請求指點迷津；當時是如此體制。

如此，和尚和弟子的關係是終身制，除非師父死亡或轉信其他宗教之外，否則都不能單方面解除關係。

但是，當弟子要前往外地，無法接受該師父指導時，就必須要請師父委託該地的師父來進行指導。就如同現今學生留學時，也會請目前的指導教授給當地的老師寫一封介紹信一樣。同樣的，在當時也有著委託旅行當地的師父代為指導的情形。此時，與原師父的關係保持不變，對接受請託而進行的老師，則稱為「阿闍梨」。（因為人們有時將阿闍梨與和尚做為同義詞使用，所以會特別稱為「依止阿闍梨」。「依止」的意思是「依賴、留宿之處」。）然而如今所稱之「阿闍梨」，是指偉大的和尚。

如上所述，過去曾有過「和尚」與「阿闍梨」的兩種制度。

四、隨犯隨制與波羅提木叉

或許各位皆曾聽說過，當時的戒律是非常嚴格，那麼，那是在怎麼樣的情況下所建立的呢？

關於此，有一個詞叫「隨犯隨制」；如字面所示，「隨著犯錯而訂定制度」。發生了什麼問題之後，由於「這樣的事情不可做」，進而隨時於僧伽內設立新的規定。

當時有一天，釋迦談起了過去佛的事，說法道：「有著完善戒律的過去佛的時代，僧伽營運妥當，沒有問題發生，佛法一直流傳了下來。而戒律含糊不清的時代，就發生了各種問題，引起僧伽混亂，進而使法無法得以正確流傳。」

聽到這些，舍利佛就站起來說：「世尊啊！既然這樣，就趕緊制定罰則規定吧！並且，對違反罰則規定的人，就從教團追放，或者是給予嚴厲警告。」此時，釋迦說道：「你也別那麼激動！我不想在沒有犯罪之人的情況下，就事先制定罰則。日後若是發生了什麼事件，為了讓大家知道『今後不能再做這樣的事』而有所為戒，再一個一個訂定不就好了嗎？」而這「隨犯隨制」就是當時的用語。

從如此背景可以觀察到，當時的佛陀教團是一個相當自由闊達的組織。每一個修行者都是自主修行，不違反規則是理所應當的事，並非是一個若沒有罰則約束，就會作亂的團體。當時彼此有著相互信賴的關係，也很尊重自由的氛圍。

然而，隨著組織不斷擴大，大量的人參與修行，進而發生了各種各樣的問題。因此，也就漸漸地變得不得不制定戒律了。由此，表現出了釋迦的性格。

這麼一來，就逐漸地制定了各種罰則般的戒律，而這些戒律條文集結成冊，就成為了「波羅提木叉」（又稱「戒本」）。

當時制定了「比丘二百五十戒」和「比丘尼三百四十八戒」的戒律。集會時，請人讀誦這個波羅提木叉，即罰則規定的條文，然後問大家：「怎麼樣？有人違反嗎？」有時只問一次，也有時問二、三次。「在此次集會之人當中，有破戒的嗎？」如果有人破了戒，就要主動站在大家的面前表示，「其實，這星期我遇到了某某事，心因而動搖了」、「我做錯了某某事了」進而進行懺悔。當時，舉行過這樣的公開反省會。

五、波羅夷法

接下來對於「律」，也就是罰則，進行論述。最重的罪為「波羅夷法」（也稱「波羅夷罪」），此為從教團永久追放。「若是犯了此律，將被逐出教團，再也無法回來」，這是非常重的罪；這波羅夷法分四種。

1、婬

從制定循序來說，首先是「婬」。最近則常用「淫」一字，但在佛教用語中常寫為「婬」；這與五戒之中的「不邪婬」的意思相同。

在家信徒的「不邪婬」，是指「不可與自己的妻子或丈夫之外之人有性關係」，如果與此之外的人發生了性關係，就算犯了邪婬。但是，對於教團來說，「不犯」是理所當然的規則，當時對於出家人，性行為是全面禁止的。因此，有性行為時，就是破了「婬」、「婬戒」。

然而，釋迦教團最初僅是男性的僧伽。可是，以摩訶波闍波提（釋迦姨母）為代表的釋迦族女性們懇請釋迦三次，無論如何也想要加入僧伽。對此，釋迦並沒有同意，但是弟子阿難實在是無法再拒絕她們，懇求釋迦：「她們從那麼遠的地方而來，腳都磨破了，還在出血，衣服也破爛不堪，希望能參加修行，這實在無法再拒絕了。請容許她們加入教團吧！」就這樣，釋迦族的女性們成了最初出家的尼姑。

當然，釋迦並不是歧視女性，而是擔心「在教團當中好不容易能遠離欲望而修行，若男女混雜，那就與俗世沒有差別了。人們好不容易出家了，但若是發生與俗世相同的問題，不會變得無法修行嗎？」釋迦當時曾悲嘆地說：「正法別說延續千年，這一下就縮短到五百年了。」從現代的女性看來，這一點被認為是「歧視女性」，評價很不好。

然而現實當中，自從比丘尼教團建立之後，還是出現了許多問題，戒律的數量愈來愈多；這是歷史上的事實。釋迦曾明言「女性也可以覺悟，也能夠成為阿羅漢」，但是也曾說過「若發生男女問題，教團將難以維持」。

因此，當時女子要成為比丘尼，教團使其遵守「八敬法」，內容就是必須要對於比丘（男性僧人）表現敬意，以便能好好地得到比丘們的指導。此外，若只是比丘尼聚在一起修行，容易遭受外來的侵襲，所以教團要求比丘尼，始終要在比丘教團附近，一邊接受指導一邊進行修行。也有一項戒律是「無論是出家幾十年，即便是上百歲的比丘尼，也要對新來的比丘表示敬意。不可以因是新來的比丘，而隨意欺負」。

現代社會也有這樣的事。進公司超過二十年的資深女性職員，欺壓新進公司的男性職員，進而使受欺負的男性職員請辭的例子不在少數。不管頭腦多麼聰明，剛大學畢業還不知道如何辦事，此時若是被資深的人欺負，就會忍不住想要辭職。

當時釋迦教團已經預見會發生這樣的事，「即使是年輕的比丘，也不該輕視」等等，設立了八個嚴格的條文，若是能接受如此條件，就接受女性出家。即便條件是很嚴苛，但女性修行者們皆予以接受，所以就在讓她們遵守那般戒律的情況下，開始了修行。

然而，幾乎沒有人因為戒律太嚴而離開教團的，女性修行者們的意志是非常堅定的。

但波羅夷法是永久追放，一旦被宣告，就再也不容許返回教團了。可是，由於是男女問題，其中也有受誣陷，或無意被誘惑的情況，要是得力弟子就這樣被驅逐的話，確實有難捨之處。

為此，釋迦做了特別考慮，做為拯救弱勢之人的方法，讓此人捨戒，也就是讓此人暫時放棄「戒」；這稱為「弱力捨戒」。當比丘尼等不小心而犯錯時，使其捨棄戒，這樣就可以自動還俗了。

所謂波羅夷法，是破戒之後提交會議討論，直到大家宣判「這是波羅夷罪，所以要從教團永久追放」後，才能定罪。如果在此之前，捨戒還俗的話，就等於是俗人犯錯了。在這種情況下，先暫時還俗，之後再受具足戒而成為僧人或尼姑；這是當時的一種救濟方法。

然而，對於故意破婬戒之人，當然會受到波羅夷法的懲處。

2、盜

接下來是第二個的「盜」；這是指偷盜，觸犯國法的盜竊。若是竊盜的嚴重程度，以國家的法律來說的話，會被逮捕或判處死刑，或被驅逐到國外，那麼就會以波羅夷罪論處。

若以現代來說，就相當於偷竊了相當於幾百、幾千元以上的東西。僅是拿了旁邊桌上的一支鉛筆，是不會被驅逐出教團的。但是，以社會常識來看，若是犯了應該接受懲罰的盜竊，就會被驅逐出教團，永遠無法回來。

3、斷人命

第三個是「斷人命」；這是指斬斷人命，即殺人罪。犯了這個罪，就會被驅逐出教團。

但是，其前提條件是有意，即故意殺人，因為自己的意志殺人。但因某種過失而致人於死的，是屬於例外不在此列。

值得注意的是，胎兒也包括其中。現代的墮胎，也算是殺人。若是僧人或尼姑有意殺害胎兒，即進行人工流產，則相當於斷人命，這是不被容許的。

各位之中或許有許多人曾墮胎過，即便是過去的事情，但是今後一定得注意。正如同本會所講述的教義，胎兒到了第三個月，就會有靈魂進入，這等於是一個人了，之後若進行墮胎的話，就和殺人沒什麼兩樣了。不管身體是大或小，人的生命，都是抱持著今世的人生目標而寄宿於肉體，所以必須要予以重視才行。

4、大妄語

第四個是「大妄語」；「妄語」就是說謊，但還有一個大妄語，那就是「假裝已經覺悟」，這屬於最大的妄語。還沒有覺悟，卻自稱「已經覺悟了」，進而做各種事情。

其中，最常發生的事情是，假裝已經覺悟，進而接受信徒的佈施。因為想要得到大家的佈施，裝模作樣地聲稱「我覺悟了！」、「我成為阿羅漢了！」、「我是教團當中非常有力量的僧侶」，進而募集佈施，或者是聲稱「我已具備了神通力，能夠看透一切」，進而接受信徒的諮詢，信口開河，要不就是做一些迷惑其他僧侶或尼姑的事。這樣的事情，過去曾發生，今後應該也有可能出現吧！

我能夠理解人們想要覺悟的心，然而，若是過於焦急，就會產生已經覺悟的錯覺，並且因為想得到靈性能力的，進而不知不覺地陷於靈障，但自己卻反過來把它說成是高級靈的力量，做一些迷惑他人之事。這一類的事情，如今也是常常發生；這就稱為大妄語。當教團認定此人犯了大妄語之罪時，就會因波羅夷罪而被驅逐出教團。

若是用幸福科學的話來說，當有人變成「迷你教祖」，迷惑其他會員時，就相當於波羅夷罪，進而會被永久驅逐，再也無法返回教團。實際上這麼做的人是會墮落地獄的，所以處以如此重罪也是理所當然的。

六、僧殘法與不定法

比這個波羅夷法程度較輕的罪，有「僧殘法」或「僧殘罪」。從字面的意思上說，就是「僧人殘留於教團之法」。因為此人還有殘留的餘地，所以不予驅逐，如此罪名稍微輕一點，還有酌情商量的餘地。

教團會讓犯了僧殘法之人，在僧伽的大家面前懺悔「我犯了這個罪，我錯了」！並且命其在一個名為「摩那埵」的地方，進行七天六夜的反省思過。如果之前曾隱瞞犯罪，那麼就要把隱藏的時間加算進去。比如，隱瞞了一個月的話，那麼這個時間也要被加算在反省思過的期間內；這就是「僧殘法」。

其內容比相當波羅夷法的罪惡要稍微輕一些，好比與性相關的罪過，牽了尼姑的手，或者輕輕地親了一下等等，如此行為皆包含在內。

此外，還有企圖破壞僧團，試圖讓教團分裂的罪。用現在的話來形容的話，好比此人說：「那個講師心懷不軌，你們聽我的就好了！」這相當於在分化支部。不過，當此人的言行，對教團產生很大的不利影響時，就會被「破門」（追放）。

另外，若是誹謗他人犯了波羅夷罪的話，這也是觸犯了僧殘法之罪。對於實際上沒有犯罪的人，卻誣陷此人犯了罪，企圖將此人驅逐出教團，這時就會按僧殘法，命其反省思過。

於是，在一星期的反省思過之後，就會解除罪責，此稱為「出罪羯磨」。「羯磨」的意思是指會議，在數人面前接受評定，若被認定已經充分反省，罪責就會得到原諒而回到教團中，然而在那之前，做為一名僧人，是不被允許與他人一起行動的。

此外，還有名為「不定法」的不定之罪。這是當男女關係遭到質疑時，比如兩人曾幽會過，或者在小屋當中說話、在樹林當中相會等等，因為是透過證人的證言來定罪，所以刑罰的程度不一定。根據情況，有的是以波羅夷法論處，有的則是適用僧殘法，有的則更輕一些。依據證言的內容來判斷該如何處置，這就叫「不定法」。

七、捨墮法、波逸提法、悔過法

還有一種更輕的法，稱為「捨墮法」；這是當此人持有不該持有的物品時，所適用的法。比如，「只能持有三件衣服」、「這樣的鉢只能有一個」等等，各種東西有著各個不同的規定，但仍會有人私存信徒佈施的財物。某人「持有較好的冬衣」、「較好的鉢」，若是被人發現此人持有禁止的物品，就會依捨墮法，令其交出來或捨棄它。將其交給教團，並經懺悔之後便可得到原諒。這一種罪會處以沒收的罰則，是屬於較輕的罪。

此外，還有一個「波逸提法」；妄語（說謊）、惡口（說不好的話）、拿走教團內的用品等，這些行為適用此法。將僧伽或信徒家中的坐墊、椅子、床等用品拿走，之後又不整理便回家睡覺，如此微罪就叫「波逸提法」，需要在大家面前懺悔。

此外，還有一個「悔過法」；這也屬於較輕的罪，好比說「接受了不該接受的食物並食用的罪過」，這也要須在人前懺悔。當時釋迦教團有一個規定是，不能食用「見、聞、疑」三種肉（參照《覺悟的挑戰》〔下卷〕第四章第六節）。明明知道「令人懷疑的肉不能吃」，但因為肚子餓而吃了，此時若是被他人發現，進而舉報的話，罪過雖然輕微，但也會被要求反省。

八、止持戒與作持戒

以上，對於「律」的部分進行了說明。每個律又包含著好幾條，若是全部加總起來，數量相當可觀，但僧伽的規則大致可分為兩種。

其一為「止持戒」，這是做為個人應該遵守的禁止規則；即所謂的二百五十戒、三百四十八戒等，是制定於波羅提木叉中的律。「殺」、「盜」、「淫」、「妄」等等，如此「禁止做的事」、「不應該做的事」，就稱為「止持戒」，屬於一般的律。

另一個則稱為「作持戒」，是「必須要進行的戒」。總之就是在團體當中，應該要積極實踐的規則，換言之就是要參加僧伽的活動或儀式等。比如，用幸福科學的話來說，就相當於若是規定「具備講師資格的人，應該參加佛法真理檢定考試」，那麼如此規定就必須遵守。雖然，違反此戒不適用波羅夷法或僧殘法，也不是一種「不可以進行」的規則，但若是規定每一個都得參加考試的話，那麼就得遵守。

當時在釋迦教團，出家者每月兩次（中旬和月底），會召開名為「布薩」的集會。（用幸福科學的話來說，就類似於支部集會。後來，做為一般信徒的布薩集會，當時也每月舉辦六次。）或者，當時教團每年一次，於雨季時皆不外出，集體避雨，一起居住，此稱為「安居」（也稱「雨安居」）的儀式，此時，每一個人皆應一起參加。總之，為了讓一些不聽指導、擅自行動的人，有所警戒的規則，就稱為「止持戒」。

九、大乘佛教的十善戒

以上，講述了小乘佛教體系中的核心戒律，歷史上之後出現的大乘佛教的「戒」當中，有「十善戒」。這並非是以戒律或戒為中心，而是以操控己心為重點。

這十善戒可分類為身、口、意三種，每一種均有數個項目。

1、身三——不殺生、不偷盜、不邪婬

首先，是「身三」，與身體有關的戒有三條。第一是「不殺生」，第二是「不偷盜」，第三是「不邪婬」。

「不殺生」包含了對所有生物的殺生，若講求嚴密的話，是非常嚴格的。真正來說，不僅是人，動物、植物也包含在內，隨便折斷樹枝、拔草也相當於殺生。

比佛教更嚴格是耆那教；他們絕不許殺生物，所以信奉耆那教的人無法從事農業。從事農業，就會殺蟲。所以，信奉耆那教的人們，大都從事商業。他們很會賺

錢，被人說成是「印度的猶太人」，但他們是不會殺生物。

此外，耆那教的僧侶等，因為不能吸入空氣中的生物，所以都戴著口罩。走路時不能踩死螞蟻等小蟲，總是隨身帶一隻軟掃把，邊掃邊走。要喝水時，因為水裡有生物則不能飲用，所以要先用鹿皮篩水，將水過濾後才能飲用；他們做的是如此徹底。

我認為每件事不能做得太過頭，但若是徹底貫徹這個不殺生的思想的話，或許就會做到如此地步。

2、口四——不妄語、不惡口、不兩舌、不綺語

接下來是「口四」，即與口相關的四個戒；它們是「不妄語」、「不惡口」、「不兩舌」和「不綺語」這四條。不妄語意味著不說謊，不惡口是口不出惡言，不兩舌就是不要對A說一套，對B又說另一套，搬弄是非，挑撥離間。不綺語是不說奉承話；褒獎他人是件好事，但是，言不由衷地說些恭維話，做為僧人畢竟是不適合的。

附帶一提，將言語分為四種並分別設置戒律的宗教，世界上非常少見，只有佛教而已。從這一點就可以看出，佛教對於「正語」的論述非常詳盡，在其他宗教是看不到的。

3、意三——無貪、無瞋、不邪見

接下來是「意三」，是關於心的三個戒律；它們是「無貪」、「無瞋」、「不邪見」。無貪的意思是「不可貪心」，無瞋是「不可發怒」，不邪見是「不可持有邪惡的見解」，這原本是針對不相信因果法則的邪教徒的想法。說是正見也可以，但或許比正見的範圍還要廣一些。

以上「十善戒」是大乘佛教的人們所遵守的戒。主動遵守這些戒律，即是修行，因此希望各位對其內容能認真理解。

十、戒的主體——七眾與近住

接下來，我要論述遵守戒的主體對象以及其內容；既然有戒，就必定存在著「誰要遵守」、「遵守什麼」的問題。做為守戒的主體，有七個種類，稱之為「七眾」。

首先是「比丘」，指二十歲以上的男性僧侶，也就是和尚授戒之人，接受師父，就屬於正式的僧侶，這個戒稱為「具足戒」，比丘要受二百五十戒。比如，剛進一個公司，就會被傳授公司當中的各種規矩，或者公司的陳報制度、內部規則等等，數量可能多達五十、一百條。就像這樣，不管是否能記得住，「這也不許，那也不行」的戒律達二百五十條。

第二是「比丘尼」，指二十歲以上受具足戒的尼姑。比丘尼當中，也有「和尚尼」，也就是尼姑的師父。為了取得「和尚」的資格，必須在教團裡經過十年以上的法臘修行（成為比丘、比丘尼之後的修行年數），和尚尼則需要十二年以上。一般來說，未經過十年以上的修行，是不能收弟子的。比丘尼的具足戒較多，有三百四十八戒。針對女性特有的細微末事，都設有規定。

第三是「式叉摩那」，也稱「正學女」，指十八歲以上，未滿二十歲，兩年見習期間的尼姑。在男性的戒律當中沒有這一條，為什麼專門針對女性設置了此一戒律呢？因為，常常有些女性出家時已經懷孕，在受具足戒，成為正式的比丘尼後就生產。因為這樣是很傷腦筋的事，所以才設置了這個兩年期限，以觀察是否懷孕。式叉摩那在進入教團時，將被授予「六法戒」。

第四是「沙彌」，是指未成年（七歲至二十歲）的男性見習僧。正式的沙彌約十五歲以上（依《巴利律》和《十誦律》），然而父母雙亡而成為成孤兒的七、八歲孩子，也必須照顧，所以降低了對年齡的限制。對此，有些是以十五歲以上為正式的沙彌，也有的是以十四歲以上為正式的沙彌（依《摩訶僧祇律》）等等，有著諸多說法（依《四分律》，十二歲以上就為正式）。它區分為低年齡層和高年齡層，而沙彌是被授予十戒。

第五個是「沙彌尼」，指的是七歲以上，未滿十八歲的女性出家見習尼，這也是遵守十戒。

第六是「優婆塞」，指的是在家男性信徒。第七是「優婆夷」，指的是在家女性信徒。兩者都是被授予著名的五戒，希望能夠遵守。

以上即是應該要守戒的「七眾」。

此外，還有「近住」，一般是指守五戒的在家之人，於布薩之日受「八齋戒」的信徒。僧侶每月有兩次，在家信徒每月六次，會進行所謂布薩的集會。在後者的集會時，僅限於布薩之日當天，為了讓在家之人體會出家的氣氛，一整天從早到晚，也就是從當天到翌日早上的期間，像出家僧一樣地遵守戒律，進行修行。

● 戒的主體《七眾》

稱呼	對象	戒
1 比丘	20歲以上，受具足戒的男性	250戒
2 比丘尼	20歲以上，受具足戒的女性	348戒
3 式叉摩那（正學女）	18歲以上，未滿20歲的見習尼	六法戒
4 沙彌	7歲以上，未滿20歲的出家見習僧	十戒
5 沙彌尼	7歲以上，未滿18歲的出家見習尼	
6 優婆塞	男性在家信徒	五戒
7 優婆夷	女性在家信徒	
近住	布薩之日受八戒的信徒（一個晝夜）	八齋戒

● 戒的內容

	五戒	六法戒	八齋戒	十戒
1	不殺生	不殺生	不殺生	不殺生
2	不偷盜	不偷盜	不偷盜	不偷盜
3	不邪婬	離非梵行※	離非梵行※	離非梵行※
4	不妄語	不妄語	不妄語	不妄語
5	不飲酒	不飲酒	不飲酒	不飲酒
6	———	非時食戒	非時食戒	非時食戒
7	———	———	離歌舞觀聽、香油塗身	離歌舞觀聽
8	———	———	離高廣大床	離香油塗身
9	———	———	———	離高廣大床
10	———	———	———	離金銀寶物

※梵行是指絕對的禁欲

（此表是參照平川　彰《律藏的研究》〔1960〕、《原始佛教的研究》〔1964〕等所製）

十一、戒的內容

1、五戒

若將這個「戒」進行分類，所謂「五戒」即是指「不殺生」、「不偷盜」、「不邪婬」、「不妄語」、「不飲酒」。

印度是一個很熱的地方，若是飲酒，精神就會變得錯亂，真的很可怕。但是，當佛教傳到寒冷的地方時，此戒就變得相當寬鬆，人們把酒稱為「般若湯」而飲用。日蓮來到身延山之後，冬天收到信徒贈送的酒，喝了之後身體非常暖和，甚至還寫了感謝狀，這很明顯地是破了不飲酒戒；我想酒的確是有著藥效的一面。

在現代，還應該包括不可吸煙等等。此外，毒品等也應該屬於不飲酒範圍；其它，如賽馬、賽車、麻將等賭博也相當於不飲酒。總之，妨礙修行的都包含於其中。

2、六法戒

式叉摩那、正學女遵守的「六法戒」，大致與以上五戒相同。只是「不邪淫」變成了「離非梵行」，它比「不邪淫」更加嚴格，是絕對禁欲。

此外，第六個是追加的「非時食戒」，這是指「不可在規定以外的時間吃飯」的戒。釋迦的時代，正式的用餐每天只有一次，而且必須是在中午之前結束，過了十二點就不可以吃了。為此，快到十二點的時候，大家就有些坐立不安了。《維摩經》中記載著維摩詰和舍利佛的對話，其中寫到快十二點的時候，舍利佛怕趕不上吃飯的時間，進而出現煩躁，結果被維摩詰看穿心思，因此被指責了一番。（《維摩經》香積佛品）這在當時很普遍，快到十二點時，僧侶便會開始蠢動。這就是「非時食戒」，過了十二點就不可吃飯。

這應該是起因於當時沒有冰箱，天熱了食品就會腐敗。此外，教團還限定只能接受一天份量的佈施，禁止蓄財。並且，一日一餐，在卡路里不足的狀態下，就不會產生煩惱，這是非常有力的想法。現實當中，一日一餐，而且是在中午前食用，下午進行瞑想修行，傍晚和大家一起討論，晚上也進行禪定，如此累得東倒西歪，就沒有餘裕考慮異性的事。我想這樣的卡路里計算，也是當時僧團的考量之一。我認為現代人的性的混亂，很大的部分是因為攝取了高卡路里。此外，釋迦也想儘量減輕信徒們的經濟負擔，這顯示了釋迦對信徒的體諒。

3、八齋戒

「八齋戒」原則上與六法戒相同，只是增加了第七條「離歌舞觀聽、香油塗身」。「歌舞」就是歌唱、舞蹈，即「要遠離歌舞表演」、「要遠離音樂奏唱」、「不可於身上塗抹香水等奢侈行為」，這是禁止奢侈、奢華的戒文。

這就叫八齋戒，其中包含在家信徒，僅在那一天當中要遵守的戒律。總之，用現代的話來說，就是在那一天當中「不看電視」、「不看電影」、「不聽收音機」、「不看雜誌」、「不穿華麗衣服，不噴香水等等，避開享樂，度過清爽的一天」。此外，還有「不擺設花環、花飾」等等。

此外，第八是「離高廣大床」，指的是「不睡高大寬廣之床」。當時，在床上睡覺就是一種奢侈，所以，在這八齋戒的一天，「不要睡在床上，而是睡在地板上鋪的又薄又硬的墊子上，不可奢侈地睡在軟綿綿的大床上」。這就是離高廣大床，讓在家信眾體驗一下出家的滋味。

4、十戒

最後是「十戒」，這是指沙彌、沙彌尼要遵守的規則。是將八齋戒第七的「離歌舞觀聽、香油塗身」一分為二，變成第七「離歌舞觀聽」，避開歌唱、舞蹈和音樂等等、第八「離香油塗身」，勿裝飾打扮。之後的第九，一樣是「離高廣大床」，勿睡於寢床之戒。第十是「離金銀寶物」，勿在身上穿戴金銀、寶石等首飾之戒，這些都是對於年輕修行者的戒律。

十二、做為拯救時代的理想僧伽

以上羅列了各種內容，如果將二百五十戒、三百四十八戒的全部列舉出來的話，那就更不容易理解了。

成為大教團後，要想維持修行，便是如此之難。但是，這些並非為了懲罰人而設定的罰則，而是為了維護做為修行場所的僧伽之和平，是為了創建理想鄉而制定的。

若是修行者墮落、僧伽的內部墮落的話，即無法得到世間的尊敬，亦無法得到來自外部的保護，也無法得到信徒的佈施，當政治力量介入時，就必遭受蹂躪。為了避免這樣的事情發生，教團必須由德行高尚的修行之人所組成。唯有這樣，不僅對自己來說是件好事，這樣的僧伽本身，也會成為該時代的救星。

僧伽是理想鄉，是佛國土烏托邦的模型。如果僧伽無法創造如此模型，就無法在社會中普及。正是因為有這樣的理想，為了帶來和平，才會有各種各樣的戒律。

做為現代戒律，到底需要什麼？關於此，雖然在本章中並未提及，但今後我想參考過去的教義，以隨犯隨制的方式訂定。而「戒」是對自己的要求，所以希望各位對此能認真思索。

第四章

五停心觀

一、「禪」「定」與「止」「觀」

上一章，我們已對「戒律」進行了深入的學習，本章將針對「戒、定、慧」三學中的第二個「定」進行闡述。

「戒、定、慧」是以「戒」為基礎，「定」才得以成立的。有了「定」之後，「慧」才得以成立。前一項打下基礎，後一項才能更為深入。因此，這個「定」也是在日常生活中自主訂立戒律，過著克己的生活，如此一來才能入定。僅僅一天，突然想入定，那是很難達到的；希望各位認識到這三者之間有著如此關係。

「定」說起來簡單，但其範圍很廣，種類繁多。在此，本章將限定一定的種類，教導各位何謂「五停心觀」。

首先，從解釋詞語開始。各位或許常常使用「禪定」這個詞，然而，禪定的「禪」與「定」的涵義，本來是不一樣的。

「禪」一字來自梵文「dhyana」，簡單地說是指「瑜珈」。瑜珈是一種調和身心、調和精神與身體的做法、修法。

相對於此，「定」，若以別的話語來表現，則為「三昧」。（梵文「samadhi」的音譯）

「禪」與「定」的意思極為相近，兩者組合起來即稱為「禪定」。然而，兩相比較，「定」的涵意比較廣，「禪」是「定」當中的一種。

若是要給「定」下定義的話，通常即是「將心念集中於某個對象之上，讓心念維持平安的狀態」，也就是「集中心念，維持平穩、安靜」。

但是，不僅如此，若再進一步深入定義的話，那即是「維持己心於平靜狀態，並看透對象的本質」，也就是深入到看透事物本質的這個層次。對此有些讓人難以理解，我想要更加詳細地說明。

「定」的同義詞有「止」與「觀」；對於「止觀」這個詞，或許有人曾聽過。

「止」這個詞，在內容上是指「抑止心的活動」、「平鎮己心的波瀾」。

入定之後要做什麼呢？那就是在每天的日常生活中，內心波動會紊亂、呼吸也會凌亂，各種人們的意念交錯，形形色色之人的言語或雜念來來去去，在如此情況下，若是不抑止這種波動，而想要集中精神，深入地觀察某事是辦不到的。首先，必須抑制如此波動，從日常生活中脫離出來，這一點很重要。

如此，為了從日常生活中脫離出來，要做的是鎮靜己心，這就叫「止」，即「停止」的意思。

而「觀」與「止」有著相同意思，這是佛教中常用的字。觀音、觀世音等等，用的就是這個「觀」字；意思是「集中精神，以心的眼睛觀察，向某個對象投以心念」。

從作用上來說，「止」意味著使己心平靜；「觀」則是集中精神，試著遂行某事，蘊含著創造性的作用。

因此，若是認為「止」屬於被動性，那麼「觀」則表現出主動性。平鎮己心，超脫日常生活、日常性事務，進入深奧的實相世界，如此過程即是「止觀」。從流程來看，是從「止」向「觀」轉移。

所謂「禪」，一般是指「止」與「觀」兩者，取得了一種良好的平衡狀態。觀法種類繁多，有偏重「止」的，也有著重「觀」的，面對初級者或高級者，其內容會有所不同。教導初級者，會比較強調「止」的方面，到了高級，「觀」的方面就會愈來愈深入。觀察己心也有其階段性，越是深入，就越能進入各種不同的層次。初級者首先要從清除雜念、平鎮己心開始，此為原則。

二、止心的五種修行

這一節將針對本章的主題「五停心觀」進行說明。「五停心觀」，代表著五種讓心念停止的修行。「五」表示有五種，「停」表示「停止」。停止心念的五種修法，叫作「五停心」，如此觀法稱為「五停心觀」。此種情況下的「觀」，從先前所論述的「止」和「觀」的定義來看，是比較將重點放在停止心念上。

當「止」的部分確立之後，抑止內心的風波，進行精神統一，達到平靜的狀態之後，就可以逐漸轉向「觀」，即將意念集中於某個對象上。

以下，將依序對其內容進行講解。

三、「不淨觀」——滿貪欲之人的必修觀法

首先談談五停心觀中，第一個出現的「不淨觀」。如此觀法很出名，應該有很多人知道；「不淨觀」即是指「靜觀那不甚乾淨的污濁之物」。

如此觀法是針對何種對象呢？那就是貪，指「心之三毒（貪、瞋、癡）」中的貪。總之，是貪念較多之人應該要修練的法，或者是內心充滿貪欲的時候，所必修的修法。

在種種貪欲之中，常用到不淨觀的場面是性欲、情欲。在二千數百年前的釋迦教團裡，是不容許出家男女自由結緣的。所以，對僧侶與尼姑來說，如何抑止性欲是個重要的課題。

在現代不會要求如此嚴格，但這也是對於獨身之人，抑制淫穢的性欲、社會無法認可的異性關係，或者是抑制那般妄想的方法。此外，若是已婚之人者，在遇到社會上無法認同的三角關係、外遇，或者是其他的醜聞，進而心念動搖時，做為抑制如此心思的修法，就是不淨觀。

這種修法在當時的印度，做法十分激烈，對現代人來說可能有些殘酷。在當時，若是有人「執迷於異性，完全無法自拔。煩惱如火燃，腦中老是充滿著欲念」的時候，此人就會被帶到墓地去。

當時的墓地，屍體是隨處亂丟，可以說是屍橫遍野。在此，僧侶們會收集墓地中死者所穿的衣物，經過縫補、洗滌，染成褐色，然後穿在身上；這稱為「糞掃衣」。透過穿上這種從死者身上脫下的衣物，進行斬斷執著的修行。

因此，當時的教團與墓地一直很有緣分。如今，有些寺廟是位於墓地當中，這也是因為有緣吧！在當時教團與墓地有緣，所以當發現某人內心紊亂時，便會告訴此人「去墓地走一遭，好好看看屍體！在屍體前面禪定之後再回來」，進行不淨觀。

被殺害而死亡的人、曝死於街頭之人、因病而亡之人、餓死之人等等，各種死者的屍體，會不斷地被運來丟在墓地裡。於墓地中進行不淨觀之人，就會看到屍體因為腐爛而變成白骨的樣子。一旦有過這種經歷，之後即使不去墓地，在禪定當中，也能於心中浮現出腐爛屍骸的樣子。

雖然現在是欲火難熬、充滿煩惱，然而那個讓自己的煩惱如火燃的年輕貌美的美女，或者是對女性來說，那魅力無窮的男性，最終，都會變得像那腐爛的屍體一樣化為白骨。這種在心中描繪髑髏的方法，亦被稱為「白骨觀」。在心頭浮現出死亡的情景以及屍骸的觀法，就是「不淨觀」。

一旦進行不淨觀，旺盛的欲火會能立即得到抑制。「啊！這真是令人厭惡啊！現在雖然是年輕的女性，當此人死後成屍時，就會腐爛成為白骨」，當這樣一想，煩惱的火炎就會熄滅。

或許這麼說會令年輕的女性感到不悅，然而若是某位女性實在非常美麗，進而讓人癡迷於其中的話，僧侶們斬斷執著的方法，不僅是進行「白骨觀」，還會想像美女剝開一層皮之後的樣子。「儘管女性很美，但不就是一層皮嗎？想像一下剝開一層皮的樣子，就沒有辦法說很美了吧！」還有一種更極端的做法，就是想像內臟的樣子。「想像一下內臟的樣子。如何？這樣還能說得上美嗎？」

用這樣的方法，腦海浮現出屍骸、白骨的樣子，或者剝開一層皮之後的樣子，甚至內臟的樣子，這就稱作「不淨觀」。

一旦進行如此想像，即可立即平息煩惱的欲火。不斷練習之後，當感到「啊！有點危險」時，便可一下子入定，進而斬斷執著。即使現代，我想這個方法也很有效；當然，飲酒之後進行如此修法就沒用了。正常情況下，我認為是有效的。

雖然我不會向昔日一樣嚴格要求，但在現代當中有很多人走向色情地獄，對於這些人來說，這個不淨觀現今仍然有效。

此外，在現代出現了愛滋病等問題。以為是極其快樂、美妙無比的事情，結果若是染上了愛滋病毒，光是假想就讓人毛骨悚然。若是對此不知，跑到海外花天酒地，等到五年、十年後，愛滋病的症狀逐漸顯現時，後悔就晚了：「這下完了！當時的快樂簡直是個迷惑啊！」這些都是進行不淨觀的素材，也就是試著想像得到愛滋病的情景。

當然，不淨觀還可用於性欲以外的欲望，但是最常用此來抑制性欲。

四、「慈悲觀」——易怒之人的必修觀法

第二項是「慈悲觀」；這是收斂「瞋」、瞋恚，抑制發怒的方法。

有時，自己會對某個人感到憤怒不已，氣得不得了。有時會與過去的友人、鄰居，或是自己的母親、父親、兄弟姐妹等發生口角爭議。有時遇到討厭的人，內心也會產生糾葛。這種情況下，若是知道真理的人，便能在一定程度上控制自己，但沒有學過真理的人，便會直接地將怒火發洩出來。一下子就火冒三丈，於是，相互攻擊，不斷升溫，轉變到拼得不是你死，就是我活的地步。此時，就必須進行這個慈悲觀。

這是易怒之人必修的觀法；無論是你喜歡的人、討厭的人，還是除此之外的人，對這些人要平等以待、平等視之。「每個人皆是佛子，雖然自己的喜好各不相同，但每一個人、每個靈魂皆是佛所關愛的。」首先必須要回到起點，試著對每個人平等以待。

並且，一視同仁地對所有的人「拔苦與樂」，也就是拔除痛苦、施予喜樂，這樣的「觀」之心非常重要。要做到這一步雖然很難，但至少和直接發出怒火的狀態相比，光是能夠這麼想，就可從負面思想轉變為正面思想。當如此的中和作用發揮出來時，內心就會平和下來。

比如，今天在公司裡和上司或同事大吵一架，回到家後，仍然忿忿不平，心想：

「那個討厭的傢伙最好去死！竟然跟我講那麼惡毒的話！」

這個時候，即應該進行「慈悲觀」，並這樣思索：「自己不也是在用個人的喜好來看待對方嗎？應該更公平地看待他人才行。自己喜歡的某某人，從第三者來看，也有可能會令某人感到厭惡。對自己來說，或許和這個人很合得來，但其實也有討厭此人的人。喜歡與厭惡，可真的是相對的情緒啊！所以不能完全憑自己的主觀來論斷！讓自己感到很生氣的人，也一定有其優點。沒有發現此人優點的自己，一定有著什麼不對的地方！」

就樣這樣，要興起平等看待他人之心，面對他人時要考慮：「那人心中一定有什麼苦楚。雖然此人對我做了那般惡劣的事，或者是說了什麼話，但他心中一定有著煩惱。那煩惱到底是什麼？怎麼要才能緩解其煩惱，使其輕鬆一點呢？」繼而，再進一步地想：「自己能否做一些讓其高興的事呢？至今盡是想要責怪對方，但難道不能說一些體諒的話嗎？我能做一些什麼善意的行為呢？」

當試著平等看待對方時，並且思索「自己能不能做一些解除此人痛苦，使其感到喜樂的事情呢？」就在這麼想的過程中，怒氣自然就會消失；這就是五停心觀第二項「慈悲觀」的觀法。

五、「因緣觀」——愛發牢騷之人的必修觀法

第三項是「因緣觀」，解決的對象是「貪、瞋、癡」中的「癡」，癡即是愚癡。現今泛指抱怨、牢騷不滿等行為，然而追根究底，牢騷不滿的根源就出自於愚癡；而斷除這愚癡的觀法，就稱為「因緣觀」。

若試著思索，為什麼會出現老是牢騷滿腹的人呢？最終就是因為此人對於因果法則無知，對於出現的結果無法忍受。因為心有不滿，所以對各種事情都牢騷滿腹。

比如，因為在公司不能得到升遷而經常發火，口吐不滿，對他人胡亂指責，回家後對妻子亂發脾氣，對孩子出氣：「你無論怎麼用功，都不會有出息」等等，做出如此愚癡的行為。

就像這樣，此人老是把氣出在別人身上，但是結果為何自己不能升遷，還是必須得好好地觀察那因果的理法。若是認真思索到底是為什麼自己無法升遷，最後一定是有原因的。

對於公司來說，為公司帶來利益的人、對發展做出貢獻的人，公司是不會長期冷漠對待的。雖然偶爾會因為個人的好惡而出現影響，但從長遠來看，公司是不會長期埋沒一個對公司有用或有能力的人。所以說，得不到升遷的原因，必定和當事人有相

當的關係，只不過此人沒有發現而已，或者是自己沒有承認而已。但探究其原因，必定能發現自己會遭受如此對待的理由。

不分原由而胡亂地向他人發火，或者自我矮化、自暴自棄、厭世、怪罪佛神等等，都是極其錯誤的行為，這些就是愚癡之人的特徵；這類人必須好好地探究其原因。你今天之所以變成這個樣子，一定有其原因，要把那原因找出來！這樣做，不平不滿才會停止，就會明白：「原來就是這個原因，自己才會變成這樣呀！」

若換以現代的例子來形容，比如大眾媒體常常提及的考試「偏差值」的問題。日本報紙或電視上常常議論「想要進入私立高中，偏差值必須要達到一定水準以上，但這樣單憑偏差值來判斷學生程度的做法是不行的」，我們就將此視為一種「愚癡」，來試著思索一下。

若是想想偏差值本身是否有罪，其結論或許罪不在偏差值。以前，是僅僅根據「五百分滿分當中取得了多少分」這個絕對分數，來評判成績的好壞。然而實際上每年考題的難易度不同，有時難，有時簡單；去年平均八十分就可錄取，但到了今年，平均八十分是否能被錄取就變得很難說了。然而如果有了偏差值的測量基準，不管考題難易如何，便可在某種程度上，明白自己在全體考生當中處於什麼水準。雖然去年的及格分數在八十分，但由於今年考試題較難，事先就能知道七十五分就可及格，偏差值就有如此效果。此外，不同的考科分數會有高有低，偏差值能有著平均的效果；從這層意義上說，偏差值本身並沒有罪。

那麼，他們認為問題出在哪裡呢？實際上他們在說：「若是沒有得到較高的偏差值，就不能進入好的私立大學，這樣的升學障礙是不行的。」

但是，取消了偏差值，升學障礙是不是就會消失呢？想一想就會明白，還是不會消失；因為肯定需要有某種形式的考選方法。

如果說考試制度本身就不行的話，那就必須用其他方式來評測了。是要憑家世嗎？還是憑父母親的經歷？還是憑學生自己的人格？不過，才是國中的年級，人格尚未成熟，日後還會逐漸形成。

大學考試也是一樣；當然可以從每個人的特質來評測，但若是全憑大學老師的面試，來決定能否合格的話，終究難以服眾。如果大學老師本身是全能型，各方面皆平衡發展的話那就還好，但實際上並非如此。相當多的老師無法任職於一般企業當中，若是用這種人的眼光，來對學生進行評價的話，那麼合格的學生就都是會在某方面很突出的人，這也是難以接受的。

綜上所述，在謀求公平的意義上，對於心智尚未充分成熟，並未完成社會修行的學生，就以人格、家世或財產來進行評判，是欠妥當的，畢竟公平性很重要。從這個意義上說，以考試來測驗學生的程度是非常公平的。

因此，從根本上說，偏差值制度並沒有錯，問題在於自己的程度未達到一定的水準。

比如，某人想進入某私立高中，但偏差值需要七十分，因此無法如願。在這種情況下，可以說是因為偏差值制度不好，自己才無法進這個學校的嗎？顯然不是。自己的孩子是因為英語不好或數學成績不佳，問題是出於此，因此，努力學習這些科目才是解決之道。如果成績未達標準，那就表示太過於高估了，此時，須選擇另一條適合孩子的道路。

因此，不能混淆問題。不應該認為是因為制度不好，所以自己才考不上。考不上的原因是由於自己的程度不足，所以必須想想是哪個科目應該要加強。

不擅長該科目的理由，是不是因為學習不夠努力？要怎麼做才能學好呢？或者是，雖然現在滿肚牢騷，但自己之所以無法考進那所私立高中，實際上是不是因為過去太過於怠慢學習了？當回顧過去，自己現在這樣子不平不滿，是不是也有著問題呢？

這個「癡」的部分，若是仔細思索因果的理法，就會知道是因為過去的某個原因，才會出現現在的結果；對此若能察覺，實際上不平不滿之心就會平息了。

這類事情，即便是出了社會亦是數之不盡；明明已經是到了晉升課長的年紀，卻比同期之人晚晉升一年。雖然此人嘴巴上說：「那傢伙比我還早晉升，實在是太奇怪了！」

但若回顧過去自己進了公司的這十幾年來，到底做了些什麼，就必定會找到其理由。

就像這樣，知道是什麼樣的原因，所以才出現如此結果，這就稱為「因緣觀」；它有著抑制牢騷、不平不滿的效果，是觀察緣起之理的觀法。如此方法可以應用的範圍非常的廣，所以尚有許多思索的餘地。

六、「界分別觀」——自我意識強烈、驕傲自滿之人的必修觀法

第四項是「界分別觀」；這個詞有點難以理解，是抑止「我見」的觀法。

換言之，這是自我意識強烈、驕傲自滿之人應該修練的觀法。世間有著因為自我意識強烈而痛苦之人，或者是因為自我意識強烈而傷害他人，總是惹出問題的人。這類人總是無法抑制自我，或許當事人已經意識到自己有此問題，卻怎麼樣也無法抑制。

在這種情況下，就需要對這個世界的自己，重新進行一次認識。雖然此人會拘泥於「自己、自己」這個自我而無法自拔，但這個自己是由十八種因素構成的。首先可以分解為「眼、耳、鼻、舌、身、意」六根（感覺器官），自己就是通過這些器官與世界接觸的，憑藉這六個器官或部位，來掌握這世界。

那麼，這六者所接觸的對象是什麼呢？那即是「色、聲、香、味、觸、法」，即「色界、聲界、香界、味界、觸界、法界」，這些就是感覺器官所接觸的對象；這樣即構成了「十二處」。於是，各個器官所接觸的對象，與各個感覺器官之間，所產生的認識的世界，就稱作「眼識界、耳識界、鼻識界、舌識界、身識界、意識界」之六界。

若是分解「六根、十二處、十八界」，你就會察覺到：「啊！自己在這個世界上所認識的『我』，只不過是感覺器官對這個世界形形色色的事物，出現各種不同的反應，其判斷的結果，創造出『自己』的世界。這個在『自己的人生』當中，所進行的各種思考，認為是自己的『我』，但不管是自己或他人或全世界，其實全都處於這十八界之中。一旦一一分解成那樣的要素，現今存於這世間的自己，是何等空虛啊？」

如此一來，執著於世間各種事物的自己，或者執著於這個自我的自己，就能得到克制了。

「五蘊暫時和合」（注）這個詞常被解釋為否定的意思，但也可以用於肯定的方面。醒悟到存在於世間的自己，是真正空虛的存在，當化為靈性存在時，所有事物就會出現完全不同的發展。從這層意義上來說，認為自己的我見、自我意識過強的人，可以將事物分解為十八界，進而進行思索。

和他人比較長相，但那也不過是眼睛的作用而已。對於女性來說，這是常有的事。「她比我長得好看，我沒有她那樣美，心裡真不是滋味，一定要想辦法表現自己。」於是，此人就在不同方面拼命地表現自己，或者是想用體力來取勝，或者是用能說會道進行掩飾，總之是利用各種各樣的方法來強調「我」。然而，此人應該了解到：「這只不過是眼睛的作用而已，只不過是眼睛的反應，與眼睛所看到的對象之間，所出現的世界罷了。」

此外，還有香味的世界、聲音的世界。若是歌手，就會為聲音的好與壞而苦惱不斷。與他人比較，即會產生各種煩惱，但分解來看，就會覺得不過如此。

就像這樣，分別、分開來觀察十八界，就稱為「界分別觀」（也稱「界差別觀」）。透過這樣的觀察方式來感受無常，即可抑制自我的膨脹。

「頭腦雖說有好有壞，但那只不過是腦細胞的活動而已。腦細胞每天都在死亡，那個自己覺得比自己聰明的某某人，再過個二十年後，腦細胞也將全部死亡變為零。自己的腦細胞只不過此人衰老得早一些而已啊！」就像這樣予以分類，就能抑制自己執著的心念。

七、「數息觀」——常常心煩意亂之人的必修觀法

第五項是「數息觀」，是抑制「散亂心」的觀法。「散亂心」也稱「散心」，心被各種雜事所牽掛，雜念紛呈，精力不集中，無法專心做一件事。抑制這種散亂心、散心的方法，就是這個數息觀，此為常常心煩意亂者的必修觀法。

具體該如何做呢？其實很簡單。「一、二、三、四……」地，對自己的吸氣和吐氣進行計數。一邊吸氣和吐氣反覆深呼吸，一邊依序計數；這樣持續做下去，心就會漸漸地平穩下來。這是呼吸法的一種，將心念集中於計數，進而平鎮己心的方法，就稱為「數息觀」；這是任何人都能做到的基本觀法。

漸漸數到五十、一百的過程中，內心就會慢慢變得平穩。就像這樣，將心念集中於數字，不將念頭朝向其他事物，如此一來即可斬斷雜念。若考慮其它事情，就會忘掉數字，而無法繼續數下去。

以上就是「數息觀」的做法。

八、五停心觀的核心——平鎮己心

以上五種觀法即「五停心觀」，其中具代表性的是第一項的「不淨觀」和第五項的「數息觀」。這兩種觀法對任何人來說都很容易入門，初學者也能簡單做到。

由於五停心觀以平鎮己心為核心，所以「不淨觀」和「數息觀」很受重視。而「慈悲觀」、「因緣觀」和「界分別觀」，若不理解內容就很難做到，所以有一定的難度。

「五停心觀」的目的，就是平息心中的火炎與波動。然而，這對於「定」來說，還非常接近初級程度，尚未到達專業的水準。換句話說就是，聽聞了如此方法，便想有個「好！這個星期我也來做做看」的念頭，這是是初學者也能做到的修法。

還有比這層次更低的，那就是「清淨己心吧！沉靜己心吧」的教義。「澄清己心，掃除污穢吧！」、「洗刷污穢、使心清淨吧！」如此，使己心清淨的「心清淨」之觀法，是最初級的。「清淨己心吧！掃除污穢吧！讓己心如蔚藍天空吧！」這是最初級的，其次才是「五停心觀」。

在這之後，則是「四禪定」等各種禪定，對此將另外說明。本章中，為了初學者講述了「五停心觀」。

其實只要有短短五分鐘左右的時間，便可雙手合掌，調整呼吸，閉上眼睛，依序進行以上觀法。若時間稍微長一些，如有十五分鐘或三十分鐘的話，雙手合掌會感覺疲累，此時可將雙手放在膝蓋上，伸直背部，調整呼吸，再進行以上觀法也行。

希望各位以本章的學習為契機，進行實踐。

注：「五蘊暫時和合」指五蘊（色、受、想、行、識）是人類的形成要素，佛教學認為這些要素的暫時和合形成了人類。因此，許多佛教學者誤認為：「人死後即雲消霧散」。（參照《覺悟的挑戰》（上卷）第四章）

第五章

何謂智慧

一、三學（戒、定、慧）中的「慧」

本章的題目為「何謂智慧」，將闡述關於「戒、定、慧」中的最後一個部分——「慧」的內容。

「戒、定、慧」，是佛教的修行者所必修的重要修行項目，並表現了修行的正道。戒學、定學和慧學，統稱為「三學」，這是最重要的修行方式。

關於「戒」，我曾在第三章中講述了「何謂戒律」。關於「定」，其內容非常地廣泛、深奧，我已於第四章中講述過「五停心觀」。

本章將講述關於「慧」的話題，但因為其內容也是極為廣泛、深奧，且境界很高，所以很難道盡其全貌。然而，透過本章的內容，我想各位至少能夠理解「慧」的基礎部分及其整體的輪廓。

「慧」，是一個極難理解的漢字，其深意到底為何呢？那是很難用言語進行說明的。「慧」的定義之一，即為「無法用言語解釋的東西」。對於「無法用言語解釋的東西」，如今卻用言語進行了說明，這本身似乎存在著矛盾。但在歷史文獻上，確實有過「無法用言詞說明的智慧，即為慧」的解說。就像這樣，「慧」是一個難以道盡的詞，各位不妨可以將其視為「覺悟」的近義詞。

追求覺悟之人，藉由獲得智慧，就能夠獲得明燈或者說光明。透過這光明或明燈，即可打破無明，最終得到解脫。而解脫之後的結果，就是進入涅槃的境界；這就是「覺悟的境界」。

因此，若是詢問「何謂智慧」，須知道掌握這「慧」，就等於到達了覺悟的跟前。緊接著，下一步就是大悟。藉由活用、發揮這智慧，即可獲得覺悟。

換言之，本章的題目亦即是對於「怎樣才能夠獲得覺悟」、「何謂獲得覺悟的力量」等問題的回答，希望各位帶著如此概念來閱讀。

二、智慧的種類

1、生得慧——與生俱來的智慧

首先，我要講述「智慧」的種類；大致可分為兩大類：一是與生俱來的智慧，二是後天獲得的智慧。

其中，與生俱來的智慧，可稱為「生得慧」。

從出生到一歲左右為止，嬰兒還不會說話。儘管母親手足相教，嬰兒也未必能夠完全理解其話語。因此，為了表達自己的感情等，嬰兒可謂是受盡勞苦。但仔細地觀察其行為時，會發現嬰兒的有些動作並非是他人教授的。

譬如說，當一歲嬰兒的頭部受到撫摸時，他就會笑顏逐開。然而，這是因為有人教他這樣做，他才會笑的嗎？那也未必。當然，或許是因為被大人撫摸頭部時，嬰兒感到很舒服。但絕不是因為有人教他「被人撫摸頭部時會感到很舒服，所以你要開心微笑」，所以他才會笑的。遇到開心之事時，他會自然感到開心。此外，嬰兒被人抱著時，也會很開心。

再譬如，可以簡單地區分「好人和壞人」。對於那些並非是後天教授的事物，所顯示的理解能力，以及直觀知曉事物的能力，這些都稱為「生得慧」。

這是明確存在的；因為有很多事情，並不是在學過該詞後才初次知曉的。

譬如說，我們曾學過「美麗」一詞，但並不是在知道了「美麗」一詞後，才初次感到鮮花很美麗。即便在孩童時期，也必定曾感到鮮花的美麗。

此外，全世界的孩子收到玩具時，都會感到滿心歡喜。然而，這也不是因為大人教過孩子「因為玩具很好玩，所以當你收到玩具時，應該感到歡喜」，所以孩子才喜悅的。只是孩子一見到玩具，就會自然地歡欣雀躍，開始玩起來；這也可以說是與生俱來的智慧。

正所謂「三歲定八十」，人們從小就有著這種與生俱來的直觀力、洞察力和判斷力等等。同時，人與人之間也存在一定的差異；雖然僅是處於萌芽狀態，但仔細觀察起來，還是能夠看出些許差異。

對於與生俱來的部分，我們的確是無可奈何。但我們的修行課題，還是後天努力的部分；那就是「三慧」，即三種智慧。

2、三慧——後天努力的智慧

①聞慧——吸收真理知識

第一種智慧，稱為「聞慧」；正如字面所示，意指「聽聞所得的智慧」。

不過，並非是聽聞任何事情，都能構成「聞慧」，只有成為靈魂食糧的學習，才能構成智慧。這主要是指佛教的教義，廣義來說，即是有關於真理的教義。譬如說，聆聽幸福科學的講演以及講座所獲得的知識，基於如此知識的力量即為「聞慧」。此外，聆聽法話錄音、觀看講演影像，或是閱讀真理書籍等，也有著相同的意義。就像這樣，吸收真理的知識，即可稱為「聞慧」。

藉此，智慧將會明確地顯現出來。譬如說，能夠理解自己迄今未能理解之事，能夠看透自己迄今無法看透之事等等，後天的智慧會逐漸地顯現出來。這是非常重要的基礎部分，要想跳過這一步，而一舉獲得偉大的睿智，那是幾乎不可能的。總之，基礎訓練的部分是必不可缺的。

方才我曾講過，這「聞慧」本身屬於後天的智慧。但從某種意義上說，「聞慧」是「生得慧」的延長，這也是一個事實。因為「想要學習」的心念，是每個人與生俱有的。對於真理的關心，想要瞭解尊貴事物的力量以及求知欲本身，在某種程度上也是與生俱來的。

②思慧——透過思索而獲得的智慧

第二種智慧是「思慧」，即透過思索而獲得的智慧。譬如聽完了我的說法後，需要自行加以理解。為了讓自己達到完全理解的狀態，也就是毫無疑惑、謎團之處，為此所做得努力即稱為「思慧」。

若僅僅是記住了耳聞的內容，那就成了死記硬背的知識。當然，這也有一定的學習效果，根據這些知識也能夠做出各種的判斷；但這還不夠充分。

透過思索，可以將知識變成自己的東西。譬如說，對於「這個詞到底是什麼意思？」、「導師為何會在今天講述這樣的教義？」等問題進行深入地思考，藉此將知識化為己有。如此一來，就能夠對其應用自如。這般深刻的理解，即可稱為「思慧」；也就是透過思考，從而掌握正確的道理。

當然，「思慧」並不是單純地思考，由於佛教的修行者大多是處於瞑想狀態下，所以是指一邊禪定、一邊思考。從這個意義上來講，「思慧」與接下來的「修慧」也是密切相關的。為了能夠深入地思考，就必須要自行調整好適當的環境，所以最好是在如此的瞑想狀態下進行思考。

③修慧——透過修行而獲得的智慧

第三種智慧，就是「修慧」。正如字面意義所示，「修慧」是指透過修行而獲得的智慧。這修行亦是修法，即透過禪定而獲得的智慧。

當然，並不是單憑一次打坐，就能夠獲得這種智慧。如果只是一次禪定，或進入瞑想狀態進行思考的話，那只能算是「思慧」。而「修慧」，則要求每天反覆地禪定，或者即便是不能每天禪定，那也要在週末反覆進行。須將此變成一種習慣，對於當天所學的知識、所聽的法話，以及從真理書籍上所讀的內容，反覆地加深學習，並深入地進行思考。然後，在禪定的狀態，或是放鬆的瞑想狀態下，始終保持這般深入思考的習慣。當逐漸養成這種習慣後，於實踐的過程中，智慧便將提升為習慣。如此的狀態，不僅限於特定的時期，而是在不斷反覆地實踐修法，同時深入洞察的過程中，智慧將提升為一種習慣——這就是「修慧」。

僅憑以上的解說，或許還是很難理解。接下來，我要加入一些比喻。

假定各位聽聞過關於「無我」的教義，並學過「無我觀」；當然，要從學校當中世俗的學問、教科書上學到「無我觀」，根本是不可能的。然而，各位可以透過聆聽真理的法話、閱讀真理的書籍，首先從知識的角度，掌握「究竟何謂無我」；這就是聞慧的階段。

可是，僅憑閱讀書籍或是聆聽法話，還是難以理解「無我觀」。於是，各位就將自己關在房中，靜靜地深入思考「究竟何謂無我？自己應怎樣達到無我的狀態」等等。各位必須要深入思考到「達到無我的狀態後，會發生什麼事情」，否則就無法理解「無我觀」。

聽完說法後回到家中，若僅於當天思考了一個小時左右，那就只能算是「思慧」。但如果每天對此進行實修，那就是「修慧」。

「無我的境界，究竟是何種的狀態？達到無我的境界後，將會怎樣看待世界？如何看待自己？朝向無我的境界持續實修，到底會帶來什麼結果？據說能夠消除執著，但是執著消除後，究竟是怎樣的感覺呢？那時將會怎樣看待他人？如何看待自身？自己的痛苦又會發生何種轉變呢？」將對於這些問題的思考，當作每天必須實踐的修法，就能夠切實掌握「無我觀」，從而滲入心底的感悟，並理解「無我的境界」。

就像這樣，透過聞慧、思慧和修慧，就能夠透徹地領會覺悟的知識、智慧。

若非經過實修，那就很難理解無我的感覺。僅憑世間的知識，以及對於「何謂無我」的定義，是無法理解「無我」的。只有透過實修，親身體會過自己的欲火得以消滅、平息的感覺，以及充滿喜悅的感覺，方才能理解「無我」的感覺。因此，就算是從知識角度記住了「無我」一詞的解說，也不可能領悟「無我」的；這就是佛教中所指的「智慧的修得」。

以上就是智慧的種類。

三、識與般若

1、三次元的知性與宗教的知性

「慧」一詞所表達的內容，有時也可以換作「般若」。常言道「般若的智慧」，「般若」一詞，是梵文「Prajna」的音譯。

對「智慧」進行深入地思考時，必須要加以區分的，即是「識」和「般若」這兩個詞。

「識」一詞，簡而言之，就是抱持著巨大的三次元力量的知性。當然，在三次元以上的世界當中，也存在著「識」。那是非常現實的知性，或者說世間比較通用的知性。世間常說的「會辦事」、「頭腦好」，就是與「識」相關的部分。也就是說，諸如頭腦好、思路清晰之人，以及學校的優秀人才等等的智慧，即是指這個「識」。

與之相對，「般若」相當於「慧」。如果說「識」是以「三次元的知性」為中心的話，那麼「般若」就是以「宗教的知性」為中心的。「般若」，可謂是以靈界的訊息、靈界的力量為背景的知性。

「識」也是一種知性的判斷、知性的力量，其具體內容包括鑑別能力、判斷能力，以及分析能力等等，這些能力是透過學校的學問所掌握的。進入社會後，即做為實際事務的能力、處理文件的能力等等，這也屬於非常有用的能力。這是在學校當中學習，並於進入社會後得以實際應用的能力。藉此，每個人會得到完全不同的評價，對於此人頭腦聰明與否的判斷，也通常取決於這種能力。若是每逢考試都能獲得滿分的類型，那就是這種能力相當高的人。

此外，大部分的「識」是以自我意識為背景的。「自己」的存在非常穩健，能進行自我認識，亦能仔細地觀察和分析他人。即從自己的立場出發，用自己的眼睛來認真地分析他人。

我認為西方的知性等，亦非常接近於這個「識」。在西方的大學裡學習，便能很好地掌握這樣的知性，並很容易獲得判斷力和分析力等等。因為有著這樣的學問根基，所以說西方的知性傳統，大部分是以這個「識」為立足點。

比方說，手指可以指向任何一個人，可以指出「A與B是不同的人」。然而，無論手指再怎麼努力，也不可能指向食指自己本身。食指無法指明：「這就是食指」。此處就存在著一種界限，自己的眼睛可以看清楚他人，卻看不見自己；這就是「識」的特徵。

再比方說，刀可以切斷物體，既可以裁紙亦可以砍人等，能夠切斷其他的各種物體，但惟獨不能切斷自己本身。對於其他的事物能夠發揮作用，但惟獨對自己無可奈何；這就相當於分析的能力、鑑別的能力以及判斷的能力。

與「識」屬於分析的能力相比，「般若」則更傾向於從關聯的方面、整體上來觀察事物；或者說統合事物的能力，進行統合認識的能力比較強。

若是進一步解釋「般若」的話，可以說般若很接近於洞察力，或是一眼看破事物的直觀力。

總而言之，「識」屬於分析、分類和區別事物的知性和作用。與此相對，「般若」則更強烈地傾向於統合性地觀看事物、觀察整體。

打個比方來說，般若就好比是燈火。不管是路燈的火、燈籠的火，還是蠟燭的火，總之，燈火都是透過其本身的光芒照亮四周；點上燈，房間就會變得明亮。而且，它不僅能夠照亮房間，還有著照亮自己本身的能力。如果說「識」好比是手指和刀的話，那麼「般若」就如同於燈火，在照亮自己本身的同時，亦能夠照亮四周。

探討至此，或許各位的腦中已經浮現了「利自即利他」一詞。有一個教義是這樣講的：「首先要讓自己獲得覺悟，然後再廣布自己的覺悟。」般若的思想似乎與這個教義是一脈相連的，因為「般若」有著亦讓自身發光的力量。

2、無我認識與善惡不二的立場

如果說「識」是以自我意識為基礎的話，那麼「般若」則是以無我的認識、或者說無執著的境界為基礎的。也正因為是無我的境界、無我的認識，所以才能從自我以外的觀點去觀察事物。

反之，如果自我意識非常堅定的話，那就無法持有自我以外的看法。即只會從自己的身世、成長環境、所受教育，以及所處的社會地位等觀點出發，來觀察事物，而無法持有其他的看法。

就好比是一位公司的總經理，無法透過總經理以外的角度來看待他人；這是很普遍的情況。一般人是難以透過自己立場以外的觀點，來看待事物的，而且，如此看法會像黏膠一樣逐漸硬化。

不過，當達到無我的境界後，就可以脫離自我意識來觀察自己，或看待他人。正所謂「旁觀者清」，一旦提升到無我的境界時，就能夠脫離自己的立場，從而觀察自己和他人。因此，到達無執著的境界時，便能夠同等地觀察自己和他人；這就是般若智慧的表現方式。

另外，「識」具有非常強的區分善惡的能力。能夠明確地分辨「孰善孰惡」，這種能力本身是非常重要的，亦是不容忽視的。這固然是非常重要的，但在獲得般若的智慧之後，不僅可以辨別善惡，而且還能夠理解「善惡不二」，即「善惡其實是一體不可分的」。

譬如，從「識」的立場來看，能夠明確地區分「孰是善人、孰是惡人」。因此，各位也總是清晰地劃分出「孰善孰惡」；這就是「識」的立場。

然而，從「般若」的立場來看，卻並非是如此。般若的立場認為：「雖說人有著善惡之分，但惡人的心中也存在善的一面。而過去被稱為惡人的人們當中，也有人現在變成了善人，或是會在將來變成善人。另一方面，現在被稱為善人的人們當中，也包含著偽善、邪惡的部分。每個人都有著這邪惡的部分，甚至都有可能會變成惡人。」就像這樣，若站在般若的立場，便能夠從「善惡不二」的立場上來看待事物。

講到這裡，想必各位能開始看到愛的發展階段理論中的「寬恕之愛」了吧！六次元的「勉勵之愛」，比較接近於「識」的立場，即分析和區別事物，也就是上下觀、差別觀比較強。反之，般若的立場，則具有更強的平等觀。平等地看待萬事萬物，並將一切視為佛的生命，如此的平等觀增強時，即為「般若」。

換言之，除非是獲得了般若的智慧，否則就不可能達到「寬恕之愛」的境界。「善惡不二」的立場，即從一切事物當中發現生命的躍動，並超越世間的善惡，從一切事物當中看到美好本質的視角，即是「般若」的視角。

因此，一旦獲得這般若的智慧，就會自然表現出「寬恕之愛」。即不管對方是什麼樣的人，都能夠看到這樣的姿態：「此人實際是做為佛子抱持著使命，如今正在努力地艱苦修行中。如此的平等觀，將會變得異常強烈。並且，那並非是機械的平等觀，而是建立在智慧基礎上的平等觀，看到所有的人都在美好地生活、且光輝閃耀著。」這就是般若的立場。

3、如實知見

用來解釋這般若立場的詞語之一，就是「如實知見」，其字面意義是「如實地瞭解和看待」。在「八正道」當中，它也是非常重要的詞語，即相當於「正見」的立場。

在佛教的教學中，常說「戒、定、慧」中的「慧」，與八正道中的「正見」和「正思」相關聯。所謂「正見」，亦即是「如實知見」。「如實知見」，是指「原原本本地看待事物」，也就是「從白紙的立場看待事物」。

可是，人總是抱有許多的成見，即來自生長的環境、教育、思想和信條等等，有著非常強烈的偏見。於是，就會透過帶有偏見的眼光，來看待各種事物。因此，在這種情況下獲得的知識，幾乎都是帶著執著和偏見的見解，故而稱不上蘊含著真正的智慧。

反之，原原本本地看待事物、從白紙的立場看待事物，即可得到正確的見解。「從白紙的立場看待事物」這個觀點，也可以說是「中道」的觀點；這種觀點是很重要的。這「如實知見」的觀點，與「般若」實際是一脈相承的。

藉由這般若的智慧來看待世界和人們時，就如同於照鏡子一般，能夠清楚地看到一切。在圓鏡當中，既有映射自己，亦有映射出他人和世界。般若的智慧，就相當於「觀」，或者是「知」，仿如照鏡子一般，能夠看清一切。

「識」的立場，是用頭腦進行判斷的感覺，即大腦發揮著巨大作用，高速運轉，並迅速地進行分析的感覺。當各位使用電腦時，就會有這種的感覺吧！

而「般若」，也被稱作「大圓鏡智」（**用鏡子進行映射般的智慧**）。換句話說，它更接近於用皮膚的毛孔，或者說全身來觀察事物的感覺。

比方說，在點亮燈光的房間當中，用眼睛來觀察的感覺相當於「識」的立場。那麼，將燈光熄滅以後，情況將會如何呢？在黑暗中待了一段時間後，漸漸就會對週圍的事物有所感覺。此時，與其用眼睛來觀察，倒不如應該用毛孔來感覺，用全身來感受一切的事物。「般若」就很接近這種感覺。而且，般若的智慧將逐漸轉化為用靈魂整體去感受的力量。

4、識是支撐般若的基礎部分

接下來，我想做出幾個與宗教的知性並無關係的假定。比方說，有一些理想的官僚，這些官僚的立場與識的立場很接近；這些人具有非常強的分析能力，以及處理文件和進行判斷的能力。

另一方面，假定有一些理想的政治家，這些政治家富有非常敏銳的直觀力和洞察力，並總是在考慮如何才能統合人們、聚集全體人員的力量；這般的理想政治家的立場，就更接近於般若的立場。

因此，若是光從世間的IQ（智力指數）來看的話，說不定官僚的IQ平均值比政治家的IQ平均值還要高。儘管官僚當中也有非常多的聰明人，但官僚卻只能受政治家的指揮，其原因就在於這種洞察力的差距。做為理想政治家的典範，就是具有能看透事物脈絡的見識力、掌握整體的統御力，以及時常從大局著眼進行「有利於整體利益」的判斷。換言之，官僚雖然在拼命地處理事務性工作，但在最後的決斷上，還是要交託給更高境界的人；這種感覺就很類似於「識」與「般若」之間的關係。

若從宗教的角度來講，這就好比是研究宗教的學者的立場，與親身實踐的宗教家立場的不同，即相當於「識」與「般若」的不同。

宗教學者閱讀和鑽研宗教的書籍，只是為了深究宗教的理論性。譬如說，研究宗教的理論「是否合乎邏輯？」、「教義是否有整合性？」、「話語是否嚴謹？」等等，但宗教家卻並非如此。他們的分析不一定很嚴謹，話語也未必合乎邏輯。但宗教家只講述對方所需要的內容，所以會對不同的人講出不同的話語。昨天講過的話，或許會與今天講的相矛盾。但是，站在學者立場上，是不會發生這種事情的。

那麼，宗教家為何會講出那些自相矛盾的話呢？那是為了拯救對方、幫助對方，或是努力讓對方得到解脫，從這樣的觀點出發，只講述了對方所需要的內容。從這個意義上講，如果自我意識很明確的話，那確實會感到矛盾。但是宗教家是以自他一體的觀點，來考慮全體的幸福，所以從世間的角度，乍看之下有矛盾的言行，從整體上來看，卻是堅實地朝向著一個目標前進；這就是兩者立場的不同。

因此，宗教學者在研究宗教時，往往只傾向於進行邏輯分析，但這並不代表他們徹底理解了宗教；然而宗教家卻不是這樣。他們總在思考「如何才能引導他人」，所以結果良善就可以了，若是結果是拯救了眾人的話，那就足夠了。為此，宗教家就要始終保持熱情，不斷重複著挑選出本質性內容，並將其它的內容排除。

好比說，官僚只會按照「依循過去的事例和法律，應該這樣做」一般的思維，進行墨守成規的判斷。與此相對，「法律上如有不妥，就只能更改法律了」，能夠做出這種判斷的，就是政治家。即便過去曾這麼做過，今天也未必只能照做。更明確地說，這就是「識」與「般若」的不同。

不過，在此我想提醒各位，切不可因為「般若」的立場在上，所以就忽略「識」的部分。寺廟的僧人等，反覆地進行著如此的般若修行，卻疏遠了世間的凡事，結果就是因為這種疏遠，使其救濟能力逐漸荒廢。因此，若把整個知性比作肉體部位的話，「識」就相當於腰部、腿部的部位。當腰腿無力時，頭腦也會變得不靈活。各位須知，腰腿的強弱，亦將直接影響到般若的作用。

此外，具有宗教性人格，以及喜好瞑想的人，總是容易失敗，且煩惱較多。而且，大多是因世俗之事受挫。對於一般人來說，明明是顯而易見的事情，他們卻因為不知情而遭受失敗。隨之，又製造了各種糾紛導致悶悶不樂，因無法擺脫煩惱而痛苦不堪。

然而，一旦有了世間的智慧，就能夠迅速地解決許多問題。本來明明可以指出「啊！那是因為這裡不對」、「就是因為某人在心懷不軌」等等，但卻因為過於拘泥於宗教的立場，所以分不清事理，反而擴大了煩惱。

因此，絕不能完全地捨棄「識」的立場，而必須要認識到「識是支撐般若的基礎部分」。

5、般若與智

「智慧」一詞，可以分解為「智」和「慧」兩個字。那麼，從嚴格的意義上來講，這兩個字有著差異嗎？如果說「慧」是般若（梵文 Prajna）的漢譯，那麼「智」又是指什麼呢？對於這兩個字的差異，有人進行了細緻地分析。

事實上，「智」與「慧」幾乎是完全一樣的意思。但嚴格地來講，慧的部分、般若的部分，具有探求的特質。譬如求知的力量、想要見識的力量、以及想要觀察和探求某對象的力量等等，般若中具有這樣的力量，而且，帶有積極的力量。

與此相對，「智」本身並不具備強烈的探求特質，也不具備積極性。而「智」，則是對般若活動的結果，即所獲得的真理進行確認。

總而言之，「先出現慧的作用、洞察的作用和直觀的作用，對於其結果所獲得的訊息，進行確認和理解的工作，就是智」。般若，具有積極性和探求的特性；智，則是以靜態的立場為中心，對於結果進行判斷和理解。

不過，兩者均包含著對於真理的洞察。

以上，講述了慧的種類、識與般若，以及般若與智的內容。

四、世間的觀點與靈界的觀點

1、做為斬斷煩惱之力的般若智慧

在本章的最後，我想要講述「世間與靈界的觀點」。

「無常」、「苦」、「無我」和「空」等詞語，皆是佛教中的重要用語。無論哪一個詞，都無法當做世間的知識或訊息來進行理解。這覺悟的詞語，僅憑世間的知識是無論如何也理解不了的。為了理解這些詞語，就必須要開拓宗教的境界。若是缺乏這樣的洞察力，或是不相信靈性的世界，那絕不可能理解和掌握的。

歸根結柢，獲得般若的智慧，就是為了藉此掌握「無常」、「苦」、「無我」、「空」等這些宗教覺悟用詞的涵義。

那麼，究竟為何要知曉「無常」、「苦」等涵義呢？

的確，從世間的角度來看，即便被告知「世事無常」，也是無法理解的。桌子做為桌子，是確實存在的；自己做為自己，亦是確實存在的；他人做為他人，還是確實的。物質還是物質，確確實實地存在著。那為什麼說這些是無常的，「世事無常」呢？

事物的形成都有其原因，但滅亡卻不需要理由。一切事物都帶有這樣的性質，即任其發展的話，一切都必將走向滅亡。事物的存在本身，就包含著滅亡的性質。

以一張桌子為例，桌子也並非是永久存在的。等到某個時間點，它必定會從世間消失。當桌子可以用來放置筆記、書本，供人們讀書和寫字使用的時候，可將其稱為桌子。但一旦無法使用的話，它就不再是桌子，而將會變成木料，或者是薪柴了。

用木頭建造的小學老校舍，總有一天會被推倒，而重建成鋼筋水泥的房屋。屆時，桌椅組合在一起的舊木桌，將會被全部拆除並搬出校園。如此一來，小學生們過去所認為的「書桌」，就會變成焚燒的木材。

就像這樣，世間的一切事物都不是永恆的，而是無常的。然而，僅憑世間的眼光來觀看，是無法理解這個道理的。在他們的眼中，只能看到桌子還是桌子、椅子還是椅子、黑板還是黑板、燈光還是燈光，除此之外什麼也看不到。可是，這其中還帶有變化、遷移，以及必然走向滅亡的要素。對此，僅憑世間的知識是無法理解的，還必須有靈性的洞察力。只有站在般若的立場上時，方才能領悟到無常的真意。

再譬如「人在降生到世間之時，是從靈界轉生而來的」，這一點也是再怎麼進行世俗的解釋，也難以讓人們理解的。即便是專門學過醫學的人，也同樣無法理解。對於人寄宿於母體之事，若是從懷孕時開始的事情，醫生一般還能理解。但至於這之前的事情，無論費多少口舌，他們都完全不能理解。既不能說明，也無法理解，所以還必須要有般若的智慧。

此外，對於「世間是痛苦的」的理解，也是一樣的。多數人都認為世間是充滿喜悅的，是歡樂的地方。但從神聖的立場、靈性世界的角度來看，世間其實僅有著痛苦而已。對於這「苦」的立場，也必須要持有般若的智慧，才能夠理解。否則，就完全無法理解「苦」，甚至還會反駁「飲酒不是很快樂嗎？年輕人一起玩樂不是很開心嗎？大家明明過得這樣快樂，為什麼說不行呢？為何硬要說這是苦呢？」或許還有人會認為「將自己想要的東西弄到手，這有什麼不對？滿足欲望有何不好？尋求快樂不就是幸福嗎？」可是，從靈性的角度來看，這種想法確實存在錯誤。

譬如說，如果男性縱欲矯情的話，那麼見到美女就會想得到手。但實際上，這樣只會導致家庭破裂，造成許多痛苦，甚至於日後遭受意想不到的不幸。

到了這種地步時，此人才開始反思「我到底做錯了什麼呢」？但是從智慧的立場來說，從一開始就已經知道了這樣的結果。雖然有智慧之人早就知道「這樣做，你就會變成這樣」，但對於這種缺乏洞察力、缺乏看透事物道理的人而言，卻一直認為「這是一種快樂」。明明有人在提醒著「這樣會導致痛苦」，可是當事人卻完全不能理解這一點。即便是在世間的快樂中結束了人生，回到來世、靈界以後，那就將會變成痛苦；這種情況也是存在的。但無論重複強調多少次，此人還是不能明白。

不理解「無我」之人，也是如此。對於「空」，同樣也是難以理解的。

如上所述，為了理解覺悟的詞語，「般若」的智慧也是非常重要的。之所以需要理解覺悟的詞語，是因為透過知曉這些詞語及其涵義，就會產生斬斷煩惱的力量。般若的智慧，就是作為斬斷煩惱的力量而顯現出來的。

世間的欲望，源自於「自我存在」的意識。從自我的意識中，將產生我欲，進而導致自我膨脹。於是，由此就將產生痛苦、煩惱，甚至於嚴重的後果。但是，一旦站在般若的立場上，這一切都將會消失。如此這般，斬斷煩惱的力量會顯現出來。

2、苦樂中道與般若的智慧

在《覺悟的挑戰》（下卷）的第一章中，我曾講述過「苦樂中道」的內容，即「在極端的修行中，無法獲得覺悟；在世間的享樂中，也無法獲得覺悟。真理只存在於中道之中」。這個中道的思想，到底來自何處呢？當初釋迦選擇中道的理由，就在於「為了獲得般若，就必須進入中道」。

請各位看看極端的瑜珈修行；比如，整天飽受瀑布的拍打，究竟能夠獲得什麼樣的智慧呢？又比如，在印度的修行者當中，有人睡在荊棘之上，試圖透過「臥荊耐疼」，尋求「解脫」；還有人埋身於泥土當中，或是潛於水中停止呼吸等等，這樣的修行者不在少數。但是，我希望他們認真地思考：「透過折磨肉體的修行，真的能夠獲得智慧嗎？」

實際上，各位獲得深刻的洞察力、直觀力的時候，並非是那般痛苦的狀態下，而是處於放鬆的狀態下吧！當全身放鬆，己心處於和諧、光明、溫暖、自由自在的，這種接受的、被動性的狀態下時，才能夠獲得智慧。靈感、靈性的直觀等等，通常是在舒適的狀態下獲得的；因此，智慧並不是在那種激烈的修行中獲得的。

可是反過來，若是貪念世間的快活、沉溺於世間舒適的生活，而忘記修行的話，人的精神力就會逐漸衰弱。當意志力逐漸衰弱時，就會喪失獲得覺悟的力量。若是一味地度過心滿意足的舒適生活，而忘記修行，使意志力走向衰弱的話，那也將無法獲得覺悟。因此，修行是必須的。雖說不可進行折磨肉體那般的苦肉行，但是為了增強精神力的修行還是十分必要的。

要依循戒律、進行自律，並堅持每天認真學習真理知識。在某種程度上，要鍛鍊身體，而且刻苦勤勉，培養克己的精神，這樣的修行是非常重要的。正因為有了這樣的修行，才能夠提高精神境界，從而獲得覺悟。

然而，一旦使肉體遭受了過度的痛苦，此時就無法獲得放鬆狀態下才能獲得的智慧。

總之，在適度的修行、適度的休息中，才會出現偉大的智慧，般若才會在此出現。「中道」，就是從如此極為現實的立場上獲得的。

在極為奢侈的生活當中，不可能獲得覺悟。此外，一味地折磨肉體，在痛苦之中，在激烈的痛楚之下，就只能想到忍受肉體痛苦，又何以產生智慧呢？若非在瞑想狀態下，即心靜而平穩、洋溢著喜悅的狀態下，智慧是難以迸發出來的。只有在這樣的狀態下，才會湧現出洞察力，才會湧現不分彼此、一視同仁地觀察一切的智慧。

第六章

解脫的意義

一、解脫與涅槃——自由與和平

本章將就「解脫」一詞的涵義及其相關內容，進行詳細地說明。

我曾在一九九二年的「愛爾康大靈慶典」上（十二月二十五日於東京巨蛋舉行），於法話「覺悟的時代」當中（收錄於《信仰告白的時代》），使用了「信解脫」、「慧解脫」等比較難理解的用詞。對此，想必當時在場的很多觀眾都抱持著一些疑問，故本章的主題，就是希望各位能夠在一定程度上理解，解脫究竟為何物。

在《覺悟的挑戰》（下卷）的第三章，我曾講述過「何謂涅槃」，但對於「解脫與涅槃之間，到底有著怎樣的關係」，我想有許多人還並不瞭解。

當然，「解脫」即是指擺脫煩惱的束縛，回到處於實在界時，安穩平靜的內心狀態。因此，可以說其涵義幾乎與涅槃毫無二致。

然而，嚴格地來說，「解脫」是指朝向「涅槃」前進的過程，也就是追求「涅槃」的過程。而「涅槃」，可謂是獲得解脫以後所呈現的境界。

此外，還可以從各自所指的境界來解釋這兩個詞，即「解脫」是指「自由」，而「涅槃」則是指「和平」。換言之，從三次元的、世間的、物質的種種束縛中解脫出來，獲得自由，即稱之為「解脫」；做為這般自由的結果，所獲得的和平、安寧、平靜的內心狀態，則可稱為「涅槃」；我認為可以做如此定義。

二、信解脫——「疑」的克服

上一節闡述了「解脫，即是獲得心的自由」；接下來，我想從真正的宗教的立場出發，探究「獲得心的自由」的具體內容究竟是什麼。

首先，第一個要舉出的即是「信解脫」；它是指「透過信仰心獲得解脫」。人們常說，這個「信解脫」的中心課題就是克服「疑」。

所謂「疑」，即是指對於正確的佛法真理，或者是說法的佛陀、如來持有懷疑之心。因此，解除三次元世俗的疑惑和猜疑之心，否定懷疑之心，從而相信佛法真理和佛陀，則相當於克服了「疑」。

由此看來，首先可以做出以下分析。

那些不相信正確的宗教、不相信真實佛陀之教義的人，亦可被分為兩種不同的類別。一種是毫無宗教心的人，即他們完全沒有宗教情懷，根本不相信宗教，更不相信如此教義的存在。或者說，他們完全不相信靈界、佛神，以及靈魂等的存在。這種人頑冥不靈，從靈魂的角度來看，他們無疑是蒙上了厚厚的污垢，進步相當緩慢的靈魂。因此，對於抱持持無神論、唯物論思想的人，我們必須為其解答疑惑。

另一種則是相信佛神、信仰宗教，但卻深陷於錯誤宗教當中的人，也就是為「惡靈型宗教」所侵蝕的人。世間仍有不少人信奉著「邪見」，即錯誤的教義，或者是堅守著「戒禁取見」，也就是錯誤的修行方法和戒律等等。

當這些人意識到自己的錯誤，決心皈依並追隨真實的佛陀教義，且想要提高自身的覺悟，當這種心境穩定下來時，即可稱之為「信解脫」，也就是透過信仰心獲得的解脫。

換言之，即掃除了世俗的懷疑，以及錯誤的宗教所帶來的「惡見」，並踏上了朝向佛的方向，徑直前行的道路；這也可被稱作「預流」，是通往覺悟的第一階段。進入了正確信仰的體系當中，也就是獲得了「信解脫」。

此時，或許有人會認為「只要單純地相信就行了」，然而，僅僅是相信的話，確實有些不夠。因為每一個宗教都在強調「信仰」，所以即使是有宗教情懷的人，曾在他人的推薦下，選擇了自己的信仰，但不久過後，由於其他宗教的出現可能又會改變自己的信仰；這樣的例子可謂是不勝枚舉。因此，在這個「信解脫」的階段，也需要一定程度的智慧和知識的理解。也就是說，至少要有對於真理的最低程度的理解能力，能讓自己信服「這是正確的教義」。

譬如，幸福科學主張「為了達到信解脫的境界，必須閱讀十本以上的幸福科學的書籍」。這是因為僅是聽到了「佛陀再誕了」、「好棒啊！我相信」，還無法達到「信解脫」的境界。為了達到真正的「信解脫」，就必須要在一定程度上自己加以理解，並確信其真實性才行。當認真地讀完十本左右的基本理論書籍之後，進而認為「如此教義是正確的，自己亦聆聽過講演，可以信服，所以決心追隨這個教義。聚集於這個教團的人們，也都是很棒的」，方才加入教團的人，其信仰心就會比較堅定。我認為這種程度的智慧，如此依循著「慧」的基礎部分，對於達到「信解脫」也是非常必要的。

若套用之前「何謂戒律」的內容來解說的話，「信解脫」即是以「三皈五戒」為中心的階段。也就是決心遵守戒律，或者說依循幸福科學的規則度過生活的階段。在這個階段，人們能夠擺脫來自惡魔或惡靈等的絕大部分誘惑。

三、定解脫——克服物質的波動

「信解脫」的下一個階段，即是「定解脫」。「定解脫」這個詞並非是一個固定用詞，意為透過入定獲得解脫，也就是「透過禪定、精神統一獲得解脫」；這相當於「戒、定、慧」當中的「定」的部分。

透過信仰，可以達到從錯誤的見解中解脫出來，獲得自由的境界。但進一步透過禪定、精神統一，即瞑想和反省等「定」的實踐，就能夠抑制錯誤的想法和內心的波動等，使己心獲得自由，從而達到自由自在的狀態。換言之，「定解脫」可謂是讓人心從世間的物質性波動、三次元的爭鬥、憎恨、欲望的波動等等解脫出來，達到安寧平穩、自由自在的狀態。

不過，其內容有著難以理解的部分；「定解脫」有其階段性，我曾在一九九二年的「誕生慶典」（七月十日於東京巨蛋舉行），於傳授儀式中講述過「四禪定」。以「四禪定」為開端，在此之上還有「無色界」的禪定「無色界定」（在幸福科學的教義中，相當於菩薩界上層階段以上的世界，亦稱「四無色定」），其中又區分為四個階段。（即①空無邊處定、②識無邊處定、③無所有處定、④非想非非想定之四個階段，這雖是佛教經典中流傳下來的內容，但嚴格來說，與幸福科學所述說的覺悟階段並不相互對應。但是，可將其理解為梵天、如來的覺悟階段。）

再往上的最高階段，則是所謂的「滅盡定」，即脫離了世間的一切思考和波動，從而與自由自在的、大宇宙的生命融為一體的禪定境界。（可將其理解為與太陽界的覺悟、宇宙即我的覺悟幾乎相同的境界。）

不過，這些內容難度很大，本書就不進行過深的探討。

就像這樣，在「信解脫」之後，就是透過禪定的實踐而獲得內心自由，即「定解脫」。但這個「定解脫」當中，也有著從初級到高級的不同階段，其層次差別很大，其程度也當然不是很低的。

做為適合初學者的定解脫而言，透過實踐本書所講述的「五停心觀」那般的入定方法，也能夠使己心回到自由的狀態，並在一定程度上，獲得內心的和平與安寧。

四、慧解脫——無明的克服

第三個要列舉的是「慧解脫」，即透過智慧而解脫。

這個解脫的中心課題在於「克服無明」；若是知道真理知識，就不會迷惑、犯罪、失序或犯錯，其結果就是心中不會產生毒素。但正是由於不知真理，人們才會被捲入形形色色的糾紛之中，為世俗之事而苦惱、煩悶，內心產生動搖，進而失去了心的自由。但此時，藉由獲得真理的智慧、真理的知識、深度的知識，便能夠斬斷這些名為迷惑的束縛，從而獲得心的自由；這即稱為「慧解脫」。

此外，「慧解脫」當中包含著非常理性的一面，所以亦可被稱為理性的解脫方法。如果說「信解脫」可以視為向眾人敞開的大門，那麼這個「慧解脫」就必須要有一定的思維能力，否則就難以實現。從這個意義上來講，「慧解脫」進入了專門的領域，是具有一定領導責任之人所必修的解脫方法。

對此，我亦曾講述過「無常」、「苦」和「無我」等等的教義。要知道「世間是無常的」、「我實際是不存在的，本來無我」，其結果就會覺悟到：「原本自以為是喜悅和快樂的三次元喜悅和快樂，其實是『苦』，是痛苦。從死後的靈性角度來看，那些全部都是苦。但身在苦中卻不以為痛苦、反以為喜悅的想法，就是三次元人類的迷惑。從實在界的靈性知識來看，世俗的行為是完全錯誤的。明明是漸漸走向毀滅的方向，卻有無數人將其當成是喜悅，真不該如此啊！為了讓自己的靈魂獲得真正的進化、向上，就必須捨棄世俗的錯誤見解，依循著真理而行動。必須基於那般判斷，嚴以律己才行。」這種理性的覺悟，即稱為「慧解脫」。

這也是一種踏實的力量；如果牢固地掌握了以靈性洞察力為基礎的知識，並以此為基準進行思考、言語和行動的話，那它就能夠成為人生的指南針。

換言之，為了脫離和克服無明，有著如此「慧解脫」的方法。當然，為了達到這個目的，還必須要有相當的知識和經驗。「慧解脫」也是有深度的，特別是當提升到前一章所說的，獲得了「般若的智慧」時，就可說是達到了相當高的水準了。換言之，到達「慧解脫」的狀態時，可謂是已經進入了「阿羅漢果」的狀態。

以上，講述了信解脫、定解脫、慧解脫等三種解脫方法。接下來將進一步拓寬領域，進行深入的探討。

五、心解脫——欲望的克服

至今講述了透過信仰、入定以及智慧，從而獲得解脫的三種不同解脫方法。然而，是否有著某種方法可以涵蓋上述這些方法呢？此時，就出現了心解脫的問題。

譬如，透過智慧獲得解脫的「慧解脫」，是藉由頭腦方面，即透過靈魂當中「心」的領域的知性判斷的部分、理性的部分，從而獲得解脫。然而，稱為「心」的部分，並非僅侷限於理性，它還包括了感情、意志等更廣泛的部分。

不只侷限於理性的、大腦的運作，若是藉由「心解脫」一詞，來表達讓整個心獲得解脫的方法的話，那麼這個詞就有著更為廣泛的意義了。

不是僅憑藉知識的、理性的判斷來斬斷煩惱，而讓己心變得自由自在的解脫方法，也是有可能存在的；其結果亦能克服三次元的各種欲望。

那麼，這個「心解脫」到底是什麼呢？

前面我曾講過，「慧解脫」可以說是差不多進入了阿羅漢果的階段。在此之前，透過信仰獲得解脫，即「信解脫」是從預流的階段開始的，所以從幸福科學的思想來說，那是相當於五次元的上層階段。也就是說，因相信而加入幸福科學的人們，以及在一定程度上閱讀過幸福科學的書籍，確信這是真實的佛陀之教義後，決心修行而加入教團的人們，從一開始就已經達到了五次元上層階段的境界。

在此之後，若是堅持學習真理知識，並能夠依靠這種理性的力量克服各種煩惱的話，那就說明其六次元的覺悟已得到了大幅度提高。當然，並非僅有六次元可被稱為慧解脫，但慧解脫大部分的中心存在於六次元階段。

此外，心解脫還有可能超越了六次元阿羅漢的境界。若是其境界也含括了五次元、六次元、七次元的覺悟範圍，那麼「心解脫」也必須含括菩薩的境界。

那麼，「菩薩的境界」，到底是包含怎麼樣的境界，心才會變得自由自在呢？

其一是幸福科學反覆強調的「愛」的教義，即以「施愛」開始的深度的愛的教義；不是「奪愛」，而是「施愛」。

「奪愛」，即是執著。佛教從過去就否定做為「奪愛」的「愛」，而我現在所講述的「愛」，是指「施愛」，意味著「慈悲之心」。各位須懷抱著這種寬廣的慈悲之心、使他人獲得幸福的慈悲之心，如此不求回報的愛之心而度過生活。

並且，這也是將一切視為「空」的心。能夠做到如此境界的人，即表示此人有著如此光明莊嚴的想法：「雖然我現在生活在世間，但世間所顯現的所有現象，全部是藉由佛念而暫時顯現出來的姿態，那並非是本來的姿態。我們是來往於四次元以上的實相世界與世間之間，不斷地經歷輪迴轉世。一旦瞭解了這個虛幻的世間所呈現出來的『空』之實相，以及一切皆是藉由佛光而顯現的現象，就會為了把世間打造成更美好的世界而努力。」

當獲得了這種的思考方式後，就不會透過「世間是無常的、空的，或無我的」這般的分析性智慧而獲得解脫，而將會湧現出更宏大的、廣闊的寬厚之心。即，不會出現想要逃避俗世，獨自一人藏在深山，透過坐禪來獲得覺悟的心念，而是會興起想要回到城鎮，在都市中廣布如此覺悟的心念。透過這般的豐盈之心而獲得解脫，我想將其命名為「心解脫」——心之解脫也並無不妥。

如此一來，就有可能會存在這樣一種解脫，它既包含著「慧解脫」當中的理性和知性，亦包含著除此之外的感情和意志，以及有著更深刻意義的悟性。

換言之，做為七次元的解脫，在包含著透過信仰、透過入定以及透過智慧而獲得解脫的同時，為了將世間打造成更美好的世界，不執著於對於自己本身的自愛，從而達到一種想要拯救一切眾生，宛如溫暖透明的清風般的（源於《愛宛如風》的用語）境界；藉此獲得的解脫，正是「心解脫」。

六、俱解脫——煩惱障和解脫障的克服

除了以上講解的解脫以外，在傳統的佛教思想當中，還存在著「俱解脫」；「俱」意指兩件事物交織在一起。當透過智慧獲得的解脫，即「慧解脫」，與透過入定獲得的解脫，特別是曾體驗過最高境界的入定，即「滅盡定」後的「定解脫」，兩相結合起來時，便出現了「俱解脫」。這種解脫是為了克服因煩惱而產生的障礙，以及因禪定而產生的解脫之障礙等，也就是為了突破凡人的禪定界限而出現的解脫方式。

對於一般人來說，是很難獲得這種解脫的。但一旦獲得解脫後，就將會處於以下這般的狀態：首先是獲得了智慧，掌握了阿羅漢果，即六次元上層階段以上的真理知識，藉由這般知識的力量，從而能夠解決世間的各種問題，達到既能為自己亦能為他人解決問題的境界。若是進一步深入禪定，並漸漸地瞭解到自己的真實姿態，即可自由自在地往來於本來的世界。

此外，若是進入了稱為「滅盡定」的最高境界的禪定，就可以體會到與大宇宙的生命融為一體的境界。這不同於對在世間有著手、足、軀體、眼、鼻、口等的自我認識，而是自己本身與大宇宙融為一體的禪定體驗。就像這樣，獲得「佛陀之悟」的境界，亦可稱之為「俱解脫」。

將「滅盡定」與「慧解脫」結合而成的「俱解脫」這個詞，在佛教經典當中也有記載，然而，解說者本身並未親身經歷過，所以並不十分理解其涵義。實際上，「俱解脫」的意義是「透過禪定，將所學到的真理智慧付諸於實踐，一方面讓實踐與學習合為一體，一方面又攀升至最高階段」。

七、五分法身（戒、定、慧、解脫、解脫知見）

以上稍微涉及了一些比較難的內容，講述了信解脫、定解脫、慧解脫、心解脫，以及做為特殊思考方式的俱解脫。

所謂解脫，歸根結柢就是指「獲得覺悟的方法」，即「如何才能獲得覺悟」？正如覺悟的定義有著高低之分以及多樣性一樣，與此相應，解脫也有著各種各樣的對應方式。

讓我們再來複習一下，「為什麼需要解脫」。那即是因為靈魂宿於肉體，在世間度過生活的過程中，常會漸漸忘記本來的世界，從而受到來自世間的思考方式、價值觀以及肉體煩惱的束縛，最終陷入心發狂的狀態。為了回歸到本來的姿態，所以才需要這般的宗教知識和修行方法。並且，回歸到本來的心的狀態，這種的自由的狀態，就稱為「解脫」。

因此，三次元所指的「自由」，實際上大多是與此相反的。這種物質的、肉體的、以及煩惱的自由，是與真正的自由正好相反的。所謂真正的自由，是體現了實在界價值觀的自由，是從靈界的角度來看亦能獲得認可的自由，是過著如此生活便可直接回到天國的自由。獲得這種自由，即稱之為「解脫」。

當然，由於每個人的根機各有不同，所以每個人被要求，或者說被允許的解脫程度是不一樣的。

對於初學者來說，首先最重要的就是達到「信解脫」，即掌握正確的信仰。沒有信仰心的人，甚至可以說是「尚未變成人，與動物毫無差別」。

並且，即便是抱持著信仰心，但若是深陷於錯誤的信仰，並熱心地參加各種活動的話，那就等於是拿到了直接開往地獄的車票。不僅是自己拿著通往地獄的車票，還在街頭向他人散發這種車票，進行著錯誤之事。因此，這「信解脫」的法門是非常寬廣，且至關重要。

當然，這是從初步的部分做起，亦非通往非常深奧境界的道路。那麼，這個信仰的部分，能夠通往何處呢？隨著信仰佛的心念增強，此人與佛之間的距離就將會逐漸縮短，所以說「信解脫」之道路亦是非常尊貴的。

其次，透過禪定的實修，調整己心的波動，飽享自由，並於其中感受佛光。

再次，透過學習智慧，達到「慧解脫」。藉由獲得如此「智慧」，解決各種各樣的問題，從而獲得不迷惑之心。

此外，還可以獲得含括一切的「心解脫」、心的解脫，達到靈魂的中心部分獲得解脫的境界。

再往上，則是最高境界的禪定，與智慧混合而成的「俱解脫」。這個俱解脫，有時還可以用作「心解脫」的同義詞。

以上，對各種各樣的解脫方法進行了講解。與此同時，還有著「五分法身」的思考方式。那就是分成五個的法之身，即構成如來的五個要素——「戒」、「定」、「慧」、「解脫」和「解脫知見」。

「戒」，是指遵守戒律的禁欲生活方式。「定」，是指精神統一。「慧」，是指經過前二者後所獲得的結果，即基於知識和經驗上的深刻洞察力。透過使用這戒、定、慧，使自身從種種的煩惱中解脫出來，即可獲得「解脫」的體驗，並獲得這種自由。最後，知道自己獲得了解脫的事實，可稱之為「解脫知見」，即「正確地看待自己」。從第三者的角度，看到自己已經獲得了解脫的狀態。

不過，這個「解脫知見」也是極難實現的。其他的宗教，也有很多地方講述著解脫的內容，還有人宣稱「自己獲得了『終極的解脫』」，但事實卻根本不是如此。那些自稱已經獲得解脫的人，多數都是在山中修行時，被動物靈或是魔王、修行者的亡靈等附身而已。也有人聽到靈的聲言，就誤以為自己獲得了解脫。還有人一味地進行禪定，發現自己的脈搏變慢、新陳代謝變慢、或是能潛在水中停止呼吸數分鐘等，便立刻以為自己獲得了解脫。

然而，解脫是為了獲得內心的和平，不拘泥於世間束縛的自由境界，因而必須覺悟到這終究還是心的問題。釋迦牟尼曾在《阿含經》中，留下了對肉體修行者的嚴厲評判：「如果說僅僅是沐浴了恆河之水，便能夠洗清自身的罪孽與污穢的話，那麼所有的青蛙都將轉生到天國世界、水中的魚也都能夠成佛了吧！」就像這樣，被邪教所誤導，而錯誤理解了「解脫」之意的人們，必須要再次從頭開始掌握其真意。

為了提升自己，必須度過禁欲的生活，時常保持內心的平靜，並獲得正確的智慧。並且，即便是遭遇到任何問題，都能始終不忘天國之心，自由自在地解決問題。做到了這一步，才能稱得上獲得了「解脫」；此外，自己能夠看清這一點也是很重要的。此時，若是產生了驕傲自滿的情緒，就將難以辨清自己是否已經獲得了解脫。更有甚者，有些人相信自己「獲得了解脫」以後，就誤以為「自己沒問題了」、「自己做什麼都沒問題，自己是被容許之人、特殊之人」。

因此，各位須時刻保持謙虛之心，首先遵循著戒、定、慧的順序，逐漸品味到心之自由的解脫感。此時，還須知道自己現今已處於解脫的狀態，培養如此眼光，亦是非常重要的。

若能在真正獲得解脫後，持續著這種狀態的話，心就將自由自在地與靈天上界相通，並始終沐浴在來自守護靈和指導靈的慈光之中。即能夠品味到己心漂浮起來、變得輕盈，而感到舒適愜意的心情。反之，若是有著強烈的被害妄想，或是對於他人的攻擊意識過強的話，那就稱不上是處於解脫的狀態。只有獲得真正的幸福後，亦十分享受的狀態，才是解脫的狀態。此外，這個詞與「覺悟」一詞還可以相互置換，所以說其內容也確實不容易理解。

希望本章的內容，能夠成為各位深入覺悟的一個契機。

第七章 何謂魔

一、釋迦降魔成道

截至上一章為止，我對「三學」和「五分法身」（戒、定、慧、解脫、解脫知見）的覺悟本道，進行了論述。如果依照這些理論繼續深入修行，就能夠進入通往覺悟之道，並且成就覺悟。但此時，還存在著一個問題。

那就是本章的主題，即「何謂魔」。若是在毫無干擾的環境中，極其自然地修習為佛弟子準備好的「戒、定、慧」等三學，並走在通往解脫之道，那似乎是沒有什麼問題。然而，世間之事總是難以如願，修行過程中往往會遭到外界干擾。並且，當此人的修行程度還比較低的時候，還不會遇到太多干擾，然而，一旦處於「即將覺悟」之際，便常常會遭逢前所未有的妨礙；這就是「魔」的問題。

這既可以稱為「魔」，亦可被稱為「惡魔」、「魔王」、「撒旦」等各種不同的名稱。「魔」一詞，是源於梵文「魔羅」（mara），也就是「惡魔」的意思。

歷史上的「降魔成道」，說的就是釋迦在菩提樹下開悟之際，正當要獲得最終的大悟時，惡魔便出現了，並且施以了各種各樣的誘惑和攻擊，竭力阻止釋迦大悟。這一點已做為歷史的事實，一直流傳至今。

然而在現代，雖然人們還將此當作傳奇故事來閱讀，但絕大部分人都不相信靈界的存在，更不相信恐怖片中那般的惡魔會出現，遂行各種各樣的阻礙行動，而只是半信半疑地聽故事而已。在研究佛教的學者當中，也有人只將其當作傳奇故事理解。

此外，還有人認為：「為了阻礙釋迦的成道，即大悟，而突然出現的惡魔，實際上正是釋迦本身的內心糾葛；釋迦將煩惱稱為魔。」

二、魔與「色、受、想、行、識」

當閱讀《阿含經》等佛教經典時，確實有幾處透露著這樣的意思。譬如說，當釋迦被問到「何謂魔」時，回答道「魔，即是色、受、想、行、識」。

「色」，是指肉體。雖然肉體所處的物質環境，也可以稱之為「色」，但通常「色」都是指肉體。

「受」，是指感受性、感受力。也可以說是感覺器官，或者是神經作用；這即是「受」。

「想」，是指想法，即表象作用，亦即鞏固想法的力量。對於憑藉感受性所獲得的感覺，自己會怎樣想，怎樣將其表象化，即由外表顯露出來，這種作用即是「想」。

「行」，是指意志，或者說決斷、執行。簡而言之，人有著肉體，以及與之相隨的感覺器官。當感覺器官捕捉到某種感覺時，對於這種感受，形成自己獨特的印象或想法即是「想」，而「行」則是對此產生某種的「意志」。當心中的想法逐漸成熟時，就會產生「該對此採取何種行動」的意志。當心中的意志明確以後，身體也自然會有所表現，進而付諸於行動；這就是「行」。

最後的「識」，是認識的識。即人有著肉體，以及感覺器官，所以會對外界的各種資訊、事件等做出自己的判斷，並採取行動。之後，觀察如此過程的自己，進行價值判斷，對此自己如何評價，如此思考方式、精神作用，即為認識的「識」。

比方說，從外面飛來了一個足球。當球打在自己的身上時，會產生「疼痛」的感覺；這就是「色」、「受」。隨後，在「想」的階段上，就會開始思考「被球擊中的受傷部位，可能會變得紅腫起來」。接下來，做為「行」、意志的作用，則會根據自己的判斷，採取一系列的意志行動，譬如「必須冰敷紅腫的部位」、「必須去醫院檢查」、「必須要敷藥」、「必須要綁上繃帶」等等。最後，做為「識」即認識力，將對其結果進行綜合的判斷：「剛剛已經冰敷了，狀況並不是很嚴重，大概不到一個小時就會消腫吧！從總體上來看，僅是被足球砸了一下而已，不會有什麼生命危險的。」

如上所述，光是以足球飛來打在身上，人會如何應對的一系列活動為例，就會涉及到「色、受、想、行、識」的五個問題。

當然，這是最基本的簡單說明，但與此相同，在漫長的人生過程中，人們會遭遇到各種各樣的問題。譬如說肉體上的疾病、事業上的失敗、戀愛和婚姻問題上的失敗、修行方面的停滯不前等等。總之，人生的種種課題將會接踵而來。

在這個問題上，當然也存在著「色、受、想、行、識」等問題。這既與身體相關連，也包括身體狀況、頭腦狀態等健康的問題。其次，是「受」的問題，即對此有著何種的感受。就現代社會而言，那或許是「神經作用」、「精神壓力」，或者說是神經質的問題。對此有著何種的感受？對此是如何思考的？自己產生了地獄般的想法，還是天國般的想法？這些都屬於「想」的範疇。接下來，就是付諸於實際行動的「行」。最後是「識」，即對於自己的行動，要如何進行判斷。若是缺乏判斷能力的人，有時甚至會做出顛倒天國和地獄的判斷。

總而言之，對於持有肉體、乘坐著肉體之船，在進行今世靈魂修行的過程中所遭遇的種種事件，以肉體機能為中心而做出的判斷，這就是「色、受、想、行、識」。

當釋迦被問及「何謂魔」時，曾回答道「魔，即是色、受、想、行、識」。也就是說，「那是持有肉體的自己，在度過肉體生活的過程中，基於如此生活而產生的迷惑」。

這種想法本身並沒有錯；可是在佛教學者當中，卻有人以此為根據，固執地認為：

「所謂的魔，其實不過是個比喻而已。魔，原來是不存在的。那只是世人的迷惑、煩惱的作用、人心的污垢，或者說是神經作用，是神經質的問題。那只是釋迦為了說明『如果不除去心中的迷惑，就無法開悟』，所採用的象徵性說法而已。諸如各種的魔女扮作天女突然出現，以及率領軍隊的惡魔突然出現，乘著戰車射出弓箭等等，全部都是戲劇化、神話般的比喻。總之，釋迦當年在菩提樹下進行禪定時，根本沒有出現乘坐戰車而來的一群惡魔，也沒有扮作天女施女色來阻礙釋迦獲得大悟的魔女。」

然而，我與二千六百年前大悟的釋迦有著幾乎一樣的體驗，所以在「降魔成道」以及「何謂魔」的問題上，我想我比佛教學者更為了解。

三、「己心之魔」與「惡魔」的存在

那麼，事實的真相到底是怎樣的？從結論上來講，「真相體現於兩方面」。

其一是，基於「色、受、想、行、識」的肉體生活，心與肉體之間出現了不協調，所以才會導致惡魔突然出現的現象，這是事實。其二是在超越三次元世界的靈界當中，的確有著稱為「魔」的靈性存在；這兩方面的因素都是實際存在的。

這種持有主體意識而度過生活的人，因自身的原因將魔招引而來的現象，稱為「己心之魔」，即潛藏於自己心中的魔。

換言之，自己本身的心與肉體產生了不協調，繼而與魔相通的原因，實際存在於自己的心中。與此呼應，正如透過燭台映照一般，有一股勢力是從外部，即四次元的靈界（**也可稱為地獄界**）當中而來，這股勢力試圖增加迷惑，從而迷惑求悟者，並致使其發狂；這是我發現的事實。

當一般人在心中感到迷惑或痛苦時，就很容易被「不成佛」的亡靈、惡靈附身，而使此人的身體狀態更加惡化；或者是遍訪神社佛廟後，被狐狸等動物靈附身的等等，這類現象是屢見不鮮。此外，對於潛心於佛道修行，以及立志要「開悟、成為宗教指導者」的人而言，則會出現與他們相對應的「惡魔」；這種現象也是實際存在的。

這些惡魔非常清楚自己要以誰為目標，從某種意義上來說，甚至比天上界的諸靈還要更清楚。天上界的諸靈是比較耐心地守護著世人，但從惡魔的角度看來，他們明白「若是此人開悟後，那將會不得了」。於是，他們就會趁此人開悟之前，千方百計地進行阻礙。

這就好比是太陽升起之前的狀態；一旦太陽升起，天下就會大亮，那些好似蟑螂一般，在黑暗中活動的惡魔也就無法現身了。但惡魔不甘心只能躲在黑暗的角落裡，他們有著「要在光明來臨之前，想盡辦法阻止光明出現」的本能。

此外，這般的地獄惡魔或是惡靈的存在，實際也是一種生物。因此，他們必須要獲得某種的能源，才能持續地活動；而這種能量源，正是世間之人所持有的惡念。世間之人有著各種的惡念，譬如說憎恨、憤怒、貪欲、牢騷、不平不滿等等，這些惡念，實際正是他們的能量源、燃料。只要這種惡念源源不斷地供給，他們就能夠將其吸入體內，且變得愈發兇暴殘忍。

因此，當世間之人充滿了安穩、積極的光明時，惡念的供應源就會消失不見，而惡魔的力量也是日益減弱。

為了確保這種惡念的供給源，最好的方法就是使世間的每一個人煩惱不斷。為了使更多的人產生煩惱，惡魔就千方百計地讓世人充滿煩惱，將週遭之人全部牽連進來，很有效率地向此人進攻。這便是惡魔常常潛入宗教指導者、軍事領袖以及政治領導者的心中，引起世間混亂的理由所在；這些都是事實。

四、惡魔的本質

當時釋迦在菩提樹下進行禪定，即將獲得大悟之際，受到了惡魔的洗禮。當然，在那之前的六年修行時間裡，惡魔也曾多次出現過。但那時，惡魔認為「喬達摩·悉達多離大悟之日還遙遙無期呢！他現在仍堅信透過折磨肉體的修行，即可獲得覺悟，所以還不要緊」，因而並沒有十分在意。然而沒過多久，釋迦就覺悟到了偉大的「中道」的真理。

當釋迦覺悟到「在苦行中，沒有真正的覺悟。此外，在昔日宮殿中的酒池肉林、歡歌樂舞、充滿物質的生活中，也不可能覺悟。只有始終不忘中道，即堅持精神上的磨練，不過分折磨肉體，保持適度的緊張感，並追求向上的道路上，才能夠獲得覺悟」的時候，惡魔方才感到「不好了！釋迦好像要獲得真正的大悟了」，於是便組織魔軍的勢力，試圖拼死阻撓釋迦大悟。

對於佛教經典中記載的這段話語，若用現代的話來說，即「魔王試圖變幻成各種美女的姿態，從而色誘釋迦。用性感妖嬈的女性幻象，或留在宮中的妻子們的容貌來誘惑釋迦，並說道『你必須要回到皇宮啊！』時而用妻子的面目，發現不管用時，又變成另一副絕世美女的姿態出現；試圖動之以情」。

總之，就是誘惑釋迦「這樣的佛道修行究竟有何益處？還不如回到往日的快樂生活中好呢！」魔界之人，實際上就是這般來進行誘惑的。那並非像觀看電影一樣讓釋迦看到，而是直接進行誘惑。當然，因為釋迦本人的心中也有著「己心之魔」，即殘留著些許迷惑「畢竟還是以往的生活好啊！即便是如此修行下去，也未必能獲得覺悟。如果是這樣，到時候該怎麼辦呢？」由於惡魔感應到了釋迦對妻小和父母，仍有著難以斬斷的親情，所以這樣的誘惑才得以成立。

然而，釋迦還是識破了這一點，並呵斥：「汝等其實是惡魔、魔王的爪牙吧！汝等不過是魔王的女兒們罷了！」

惡魔一旦被他人識破，就再也無從施展伎倆了；這即是惡魔的本質。在未被識破之前，還可以欺騙對方，用花言巧語誘騙他人，或是對他人低聲耳語。

所謂的靈能者的住處，也常有各種的惡魔前來造訪。在未被識破之前，他們都非常親切，並耳語此人非常想要聽到的話語，對其進行誘惑。然後，煽起此人的種種欲望，使其支配欲逐漸膨脹，從而自由地操控此人。

如果此人能夠保持謙虛之心，不為誘惑所迷惑的話，在看破惡魔真面目的那個瞬間，他們就會原形畢露。方才還是靚麗的美女形象，但轉眼間就會變成嘴裂到耳、眼露魔光、青面獠牙的惡鬼樣子，讓人一目瞭然地知道「果不其然，那是魔女」。

於是，當魔王的計謀皆失策後，最後便親自出馬進行攻擊。對此，佛教經典中亦有著記載。

當時，百般刁難釋迦的惡魔，佛教經典中有記載，名字叫「惡魔波旬」，梵文是「mara papiyas」，有時也被稱為「papiyas mara」。並且，這樣的惡魔曾反覆出現過許多次，企圖阻礙釋迦成道。

五、避免惡魔附身的方法——驗證自己的謙虛之心和實際成績

這樣的惡魔實際迷惑過不少的宗教修行者，所以持有一定程度的宗教知識，可以有模有樣地說出種種道理。因此，若是缺乏充分的智慧，是難以識破他們的。

不過，從我的經驗來講，無論他們再怎樣誘惑自己，只要保持冷靜，不要有傲慢之心，謙虛謹慎，並在知性上高出他們一籌，便能夠將其識破。

然而，他們也是非常狡猾的，只要人們稍微有點傲慢之心，就會被其鑽空隙，從而被其附身迷惑。宗教修行者中，很多人都帶著一定程度的禁欲思想，所以可乘之機比較少，最後，他們就瞄準了「名譽心」和「自我顯示欲」的部分。因為想要獲得覺悟的想法當中，難免還會隱藏著想要變得更偉大的心態。當這一點被惡魔盯住時，就

很難逃避惡魔的侵入了。

因此，所謂「當覺悟程度越高或聽到的讚賞越多時，就越要保持謙虛，否則就會很危險」，講的正是這個道理。

此外，我始終對進行佛道修行的人強調「要注重實際成績」，用意也在於此。即要仔細地觀察自己的足跡，驗證「自己拯救過多少人？自己指導過多少人？自己達成了多少實際成績？」——對於自己如此的足跡，擁有時常進行客觀驗證的習慣，即為避免惡魔附身的重要方法。

倘若忘記了這一點，當自己出現些許靈性的感覺，或是與擁有靈感的人進行交往，被稱讚道「你是偉大的如來」、「你是菩薩」時，心中就會產生空隙，由此就會被惡魔乘隙而入。佛弟子也有著一種傾向，那就是喜歡聽「你有著偉大的使命」，所以此處要特別留心。一旦有人指出「你抱持著偉大的使命」時，就很容易上當受騙，進而被惡魔附身。此時，若是開始聽到了靈的聲音，那就有可能會陷入更危險的狀態。

然而，真正偉大之人，必然會做出與之相應的實際成績。因此，一邊對自己的實際成績進行確認，一邊保持謙虛、不驕傲，以實際成績的七、八成來評價自己，一步一腳印地穩步前進是非常重要的。

六、戰勝一切惡魔的決定性武器——信仰心與精進

當年，釋迦在大悟之際遭遇了 mara papiyas，即惡魔波旬的阻礙。今世，我本人也在大悟的前夕，實際體驗了與諸多惡魔對決的經歷。

其中，最早出現的、也是使我煩擾時間最長的，即是密教的惡魔，名為「覺鑁」的僧侶。

在弘法大師開創日本的真言宗當中，此人開創了真言宗新義派，被人稱為是「中興之祖」。此人擁有一定的靈性能力，但那實際是錯誤的靈性能力。儘管此人也持有法力，但他卻藉此造成了人們的痛苦、迷惑，總之他是一個追求超能力的僧侶。而且在現代，這個惡魔還在日本創辦了兩個密教的新興宗教團體（A宗和S苑），有著強大的力量；因此，我曾多次遭受到其攻擊。

緊接著出現的，是基督教中非常有名的惡魔，名為盧西菲爾（**當其墜入地獄後，則改名為盧西弗**）。

盧西弗是個重量級的存在，所以這個惡魔的特徵，就是不輕易露面，故而難以識破。因此，若僅僅是一個普通的靈能者，碰上這個惡魔就必然會受騙；他能夠十分逼真地，模仿光明天使進行講話。如果知識力量不夠，或傲慢自得的話，就很容易陷入

惡魔的圈套。更可怕的是，這個惡魔能使人身體發熱，讓人誤認為有光進入體內，這是非常危險的地方。就好比是釣魚之時，就算有魚上鉤，盧西弗也絕不會讓魚鉤動彈一下的狀態。他就是這般徹頭徹尾的黑心惡魔，並且還有著設計長期計畫的傾向。

另一個曾與我進行對決過的大惡魔，是別西卜。他也是曾與耶穌於荒野決戰過四十四晝夜的惡魔；對此，聖經中也有記載。

與以上的這些惡魔對決過後，現在我可以得出的結論即是：這些惡魔在現實中確實是存在的。在即將成道之際，這些惡魔會前來做阻撓，這也是事實。但是歸根結柢，與惡魔之間的較量，正是對於修行者本身的自覺力和意志力的考驗，這也是最終獲得覺悟、取得勝利的關鍵。

不管遇到怎樣的迷惑都不要動搖，要有決心和意志，並且堅忍不拔。關鍵是不可為世俗的價值觀、各種人們的甜言蜜語所動心，亦不可為世間的利益得失所牽絆，這是很重要的。雖然那眼所不見的世界，以及對於佛的信仰心，很容易被世俗的價值觀所動搖，但只要為了那眼所不見的世界，樹立起了堅定的信仰心，那麼，惡魔最終將無隙可乘。

此外，如果心中時常持有著煩惱的話，那也會成為被惡魔動搖的根源，所以必須要為消除每一個煩惱而做出具體的努力。因為世間的能力不足、努力不夠，或是工作尚未解決等問題，往往很容易變成惡魔的釣餌，所以各位在堅定地抱持著信仰心的同時，還必須耐心將內心的煩惱逐個消除，這是非常重要的。

總之，必須要有堅定的信仰心，並且積極地、開朗地、有建設性地度過生活。要掌握真理智慧，耐心地將所有的問題一一解決。此外，該進行決斷的時候，要果敢、不畏風險。此外，不要害怕他人的評價。對於正確的事情，要穩步地向前邁進。這種不退轉、不動心的姿態，即是戰勝惡魔的決定性武器。

惡魔是實際存在的。以上，我用自己的親身經歷，向各位闡述了惡魔的存在。

但是，各位切不可過分地害怕惡魔；因為將惡魔招引而來的「己心之魔」，畢竟還存在於各位自己的心中。歸根結柢，自己本身的迷惑、執著、名譽心等等，才是將惡魔招引而來的原因。因此，將這般的事物全部捨棄，持一切為「空」的觀法，並且進入佛道的人，是沒有惡魔入侵之餘地的。

在釋迦的教義當中，「空」的教義也佔據著極其重要的地位。「空」不僅是通向覺悟之道，同時也是守護自己不被惡魔入侵的重要思想方式。若能時刻謹記「一切皆空」、並斬斷執著的話，惡魔便無機可乘；那就好比是一塊被研磨得閃閃發光的金塊。

若能堅定地抱持著如此的心念，那麼即便是惡魔的張牙舞爪，也只會像碰到岩石一般，對你無可奈何，惡魔的活動顯得那般地無力。換言之，對付惡魔的主動權，實際還是掌握在自己手中。

現實中確實存在著惡魔的活動，但各位須知道「自己並非不可戰勝惡魔」。信仰心、精進，就是擊退一切惡魔，讓各位在覺悟的道路上不斷獲得成功的方法。

後記

《沉默的佛陀》可稱為《覺悟的挑戰》（台灣 九韵文化）的續篇。如果說《覺悟的挑戰》是探究佛陀的真實教義，那麼《沉默的佛陀》的特徵，就是以修行論為中心而展開論述。

我認為，本書不僅在內容上把握了基本的佛教問題，而且言盡了深奧之處。透過將書中內容慢慢地變為自己的智慧，各位必會對佛教精神滲透於自己全身的神秘感而打動。

幸福科學集團創始人兼總裁　大川隆法

釋迦的本心

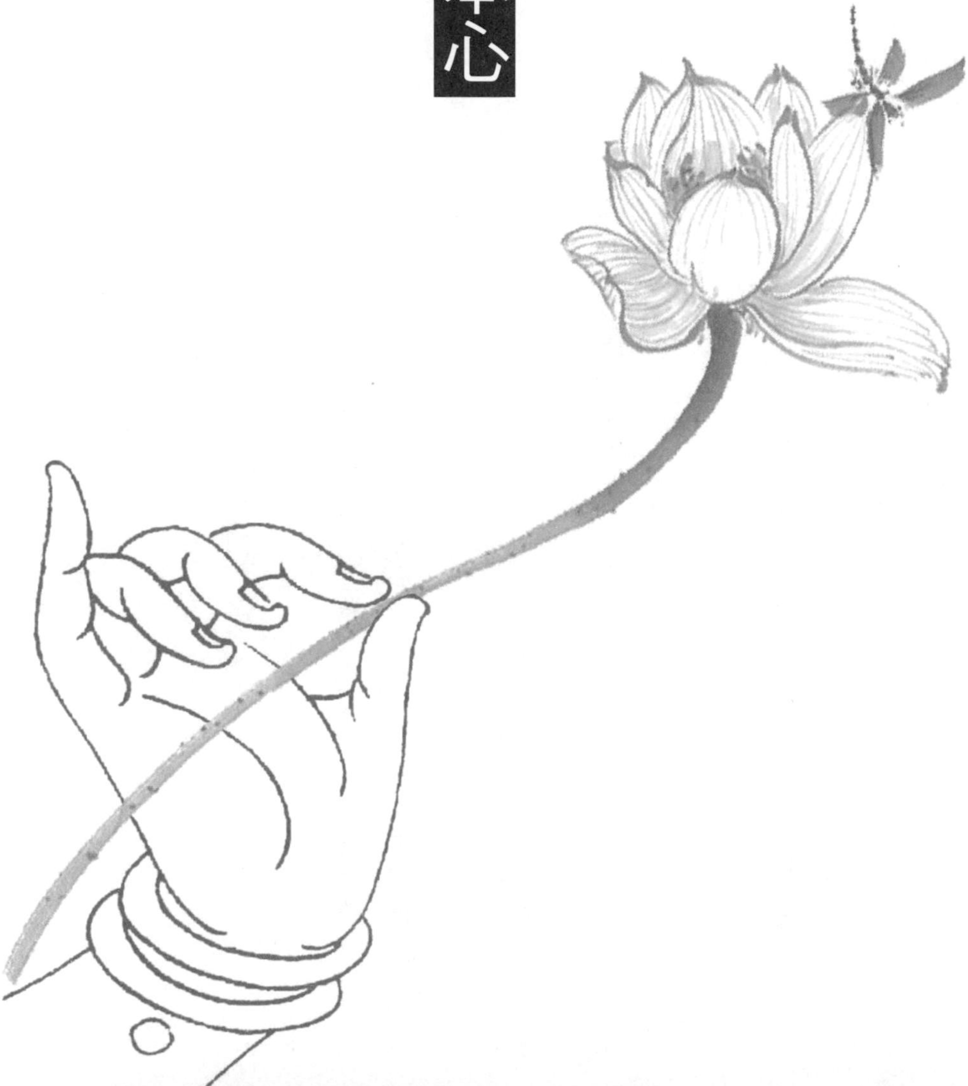

前言

我對此次《釋迦的本心》的出版發行，甚感欣慰。

本書的第一章，以故事的方式講述了釋迦出家、成道之經過。自第二章以後的各章中，闡明了釋迦教義的核心架構。此後，我還將陸續透過著書，深入探究佛陀智慧，與各位共同探究奧秘的佛法真理。

全書鳥瞰了釋迦的思想全貌，鮮明地再現了佛陀超凡入聖後對生命與宇宙的宏偉思維，即使是對八正道、六波羅蜜多、空的思想和緣起之法等佛教義感到陌生的人，也能透過深入淺出的解說，開啟探知佛法的第一扇門。

本書與《太陽之法》、《黃金之法》、《永遠之法》三部代表著作一樣，亦是透過靈言啟示落稿成書。

我真誠地希望本書能夠成為滋補人們心靈之食糧。

幸福科學集團創始人兼總裁　大川隆法

第一章

菩提樹下之悟

一、出家

本書書名有「釋迦的本心」一詞，主要是對喬達摩・悉達多（Gautama Siddhartha），即釋迦（稱號釋尊、釋迦牟尼、佛陀）的覺悟內涵，以及悟後的思想、說法加以探究，闡明了佛陀之境界。

因此，在釋迦個人背景的說明上會較為簡單，而是將重點放在釋迦從出家至大悟後的內心精進過程，以及釋迦在其後幾十年傳道期間的根本思想。

在至今許多佛教書籍中，均不乏對「釋迦出家」的描述，可以說這些敘述大致上是真實的。從中我們可以明白釋迦決意遠離俗世，主要有三個理由。

第一個理由，即是來自內在的聲音：「無論王宮的生活如何安樂，都無法達成我的大志、本願，似乎有某種更宏觀、一個未知的世界在等待著我。」在釋迦的內心感受到一種強烈的呼喚。

在某種意義上，釋迦當時的心情，與一個懷有雄心壯志，想要「成就大事、名揚千古」進而遠走他鄉的青年很相似。或者是說，他有著與生俱來的天資，或感到自己的天命。

第二個理由，即是欲探究如後來佛典上常提及的「生老病死」之疑問，後人對此做了許多象徵性、寓言性的描述。例如佛經上有如此描述：「迦毗羅衛城的東南西北都設有城門；出東門，會遇到老態龍鍾的人；出南門，會遇到生病的患者；出西門，會遇到重病、命在旦夕之人；出北門，則會遇到出家人。」

如佛典所述，喬達摩看到人們因「生老病死」而痛苦的情形後，產生了「這痛苦的根本原因究竟從何而來」的疑問。

但若說釋迦到了二十九歲才初知這些事，也非事實；他出家的真正理由並非如此。

喬達摩乃迦毗羅衛國人（Kapilavastu 音譯，現今位於尼泊爾南方），他所居住的王城有一種習俗，那就是每個月會請出家修行者來說法講學；這就如同現代日本皇室也有請人來講課的慣例一樣，當時的印度有著邀請出家者、有覺悟之人，進入王宮說法的習俗。

喬達摩時常與宮中的人一起聆聽這些為師者的講學，儘管宮中的人被這些出家者的話深深的打動，但喬達摩僅聽聞他們的話後仍未感滿足，這些道理他們在現實生活中是如何去實踐的呢？到底何謂真正的覺悟呢？在喬達摩的心中有著一種強烈的哲學欲求之衝動。

這才是喬達摩出家的根本理由所在；即喬達摩對來到宮中說法的僧侶、修行者的話持有疑問，並想進行深入地探究。

第三個理由，即是有「想一個人獨處，深入審視自己的心」的強烈願望。

喬達摩極具瞑想體質，他從十多歲的時候起，便喜歡獨自沉思，但由於當時需要遵循印度王族的習俗，他不得不沿襲納紀儀式。第一妃子為耶輸陀羅，第二妃子為各帕，第三妃子摩奴陀羅，以及第四妃子——為侍女出身的側室美女密伽鐙。

當時安置眾多妃子的理由，一是為了確保王族的傳宗接代；二是將妃子安置在不同的宮殿，讓國王（或王子）的寢室不在同一地點，以免遭受敵人的夜襲；三是為了避免因為一位妃子的意見而左右國政；四是為了維持國王的威嚴。

喬達摩最初是與美貌的各帕結婚，隨後娶了名門出生、氣質高雅的耶輸陀羅，並封她為第一個妃子。後來，耶輸陀羅隨著獨子羅候羅的步伐，出家成為了比丘尼。

喬達摩在每天與妃子們的交談中，愈來愈無法理解女性為何現實短視、語多乏味。事實上，他對妃子們之間的嫉妒猜疑、獨占欲望感到疲憊不堪。

在如此生活環境中，要想專注於瞑想和深入做哲學性的思維是非常困難的，因此，喬達摩逐漸產生了想要盡量不受干擾、一個獨處的心情。

此外，在自己的周圍不僅有妃子們，裡裡外外還有隨從、侍女們，一舉一動都有人跟前跟後、隨行陪伴；這更增強了喬達摩想要遠離俗眾、獨身自省的渴望。

從當時印度的文化和風俗來看，如果自己已後繼有人，並為妻小準備了足夠的財富維生的人，可以允許其出家，成為一個山林修行者；這相當於現代對出外留學或從鄉下到大城市就學的想法一樣。

可以說，釋迦的出家主要有以上三個動機。

二、求師

喬達摩太子在二十九歲時，離開了迦毗羅衛城出家，開始到處尋訪求師。在流傳至今的許多佛典中，都記載著他曾以怎樣的人為師，進行了哪些修行。

最初的求師之旅並沒有讓喬達摩獲得人生真理，但對於他在精神上的成長，不是沒有意義的。至少喬達摩在那時徹底明白了「何謂修行者」，以及「修行者到底為何修行」，並且得出了下面的兩個結論。

當時，在印度盛行一種修行方法，叫做「超人信仰」，即修行者一心追求超越世間俗人的非凡力量。從某種意義上講，許多人為了想要得到逃避世間痛苦的力量，而渴望成為一名超人。

第二，若用現代的話語來說，便是向人們講述「幸福的原理」。許多為師者以

「人怎樣才能獲得真正的幸福」為主題進行說法。

有些人主張：「透過徹底地折磨肉體，使之痛苦，即是獲得覺悟的快捷方式。越是使肉體與心分離開來，就越能夠接近覺悟的境界。」因此，有的人便在火上行走或在水中打坐等；其中還有的人會以倒立的方式修行，或以刀刃傷害身體，甚至有人在身體穿針等行為。

另外，還有的人專心在「停止思維」方面下功夫；他們認為：「所有的煩惱的根源，乃因為心念不停地活動而造成，所以只要讓心念、思維停止下來，煩惱也就隨之消失，心也就會安寧，從而獲得至高無上的幸福。」可以說這是「無念無想」之想法的起始。

還有的人在不知什麼是「悟」的情況下，從事辯論術等職業，他們以如何駁倒對方的批判言論為中心做為學習，認為在辯論中取勝即是「悟」。

喬達摩隨著類似經歷的累積，強烈感覺到「這似乎不是一個正確的方向」。喬達摩認識到：「這類修行缺乏教義，究竟到達什麼境界才為悟？什麼是人生的目的？什麼是人的靈性本質？」無論怎麼樣去尋找，都沒有人能夠對這樣的問題做出明確地回答。

因此，喬達摩最終放棄了求師的想法。從出家訪道到放棄求師，耗去了近乎一年的時間。此後，他以己心為師，開始在自己的內心探索通往佛境之道。他明白了只有發現真理法則，才是修行的目的。

三、苦行

喬達摩放棄了求師，一個人靜靜地進入了森林，他想憑自己的力量去獲得某種覺悟，他反覆地思索怎樣的修行方法，才最為適宜。

有時，他在毒蛇棲身的密林中苦思瞑想，有時則在黎明前到尼連河岸靜坐深思，也曾有過徹夜不眠、打坐入定至汗流浹背。他時而在洞窟中坐禪，時而眺望樹梢，時而凝視河面。如此，他靜靜摸索覺悟的方法和道路。

在短短不到一年的時間裡，喬達摩曾拜訪過說法「無所有處定」的阿羅邏伽蘭（Alara Kalama）仙人，和說法「非想非非想處」（非想非非想定）的鬱陀迦（又稱郁陀羅摩子、Uddaka Ramaputta）仙人；他由此感受到了禪定中「精神統一」的重要性。

儘管喬達摩在精神統一中，獲得了一個「心靈的平靜」之實際修行法，卻無法獲得具有邏輯性之宇宙真理。於是，他為了追求超越了禪定的智慧，而離開了兩位師者。

此時，喬達摩為了脫離世間的煩惱，而把苦行做為修行的重要課題，生活在遠離人煙地方，以努力滅絕世間性的欲望。

如此的修行方式，最為困難之事莫過於食物的獲取。由於沒有食糧，一旦飢餓時，需要充飢的欲望反而會變得更加強烈起來。

此時他發現，人有幾種欲望，當一個欲望變大時，其它的欲望就會漸漸淡薄下來。他曾有過連日不食，當食欲高漲時，睡眠欲和性欲就變得淡薄的經歷，然而，無論如何修練，欲望本身還是無法滅盡。

自喬達摩進入森林以來，一直靠食用樹木的果實、樹葉等藉以維待生存，他的體力日趨衰弱下來，雙腳無力，只能端坐在洞窟中精進修行。

四、反省

自此，喬達摩便在這個伽耶地區附近的象頭山（即羯闍尸利沙）洞窟中飢餓苦修，日夜端坐求悟，每天僅用少許時間到洞外尋找食糧；如此幾年歲月過去了。

在此期間，喬達摩徹底地思考了如下問題：

「人為何要轉生於世間？為何要轉生到如此戰亂不斷的下界呢？」

「世人所稱的覺者之路，真的能夠通往幸福的彼岸嗎？雖然戰亂的世間如一場夢，人們陸續出家，但是出家又能夠怎麼樣呢？」

「這些出家人，大多數是否開悟了呢？他們在離開了人世間後，是否能逃脫痛苦，進入真正安詳的世界呢？有任何人能證實這一點嗎？是否是在尚未證實的事上著迷，這難道不是一種沉浸於幻想中的行為嗎？」

另外，他還思考了許多關於自身的問題。

「離開迦毗羅衛城已過了數年歲月，父親首圖馱那、姨母摩訶波闍波提，以及宮中的妃子們如今安否？妻子耶輸陀羅一定還在黯然神傷吧？獨子羅候羅是否安然長大？」

「我一心追求覺悟，捨棄了俗世意義上做為人的義務，甚至了斷與家族的羈絆，這樣是否有獲得覺悟的可能呢？自我出家至今，自己距離覺悟的境地是否接近了一些呢？人性上有無提升？是否把握了人生的目的和使命呢？」

到頭來，越是想要斷絕煩惱，執著反而變得越重。越是想要將許多人際關係忘卻，反而愈加掛念。只落得骨瘦如柴的身軀，坐在洞窟中，聽著從上方滴滴答答的滴水聲，「難道這就是真正的修行姿態嗎？」喬達摩對這一切開始深入地反省。

在如此情況下，他反覆思量：「自己一個人究竟能以不退轉的意志堅持多久呢？是否快到了回迦毗羅衛城的日子呢？」如此，他的意識便不知不覺地開始模糊起來……這樣的日子一天天地過去了。

五、村姑

不久後，喬達摩從象頭山的洞窟走了出來。他走下山麓，來到了不遠處的尼連河。在他到了有娑羅樹林圍繞的舍那尼村時，心念一轉，開始了新的修行。

這個村子土地肥沃，林木青翠，微風徐徐，溪水清澈，是個修行的好地方。他在河中淨身時，因為身體極度消瘦，有時幾乎站不穩腳跟。

某日，忽然從河的對面傳來了村姑的歌聲，帶來了令人眷戀的人間真情，好似天上世界的美妙歌聲，非常動聽。

這是印度自古流傳下來的一首民謠，伴奏是像琵琶那樣的樂器，歌聲中唱道：

琵琶之弦，過緊弦易斷，過鬆弦走音。

琵琶之弦，唯有張力適中，琴聲才會美妙。

聞琴起舞，在蕩漾的琴聲中，愉悅的跳舞吧！

此時，喬達摩將自己的身軀與村姑對照後感慨萬千。在因修行而憔悴不堪的喬達摩看來，這位村姑宛若天仙。那美麗動人的目光，亞麻色的秀髮，和充滿青春活力的身軀，全身散發著與村姑身份並不相稱的縷縷清香。

相比之下，喬達摩卻骨瘦如柴，眼窩凹陷，肋骨根根明顯，是一副在任何時候倒下去都不奇怪的軀體，活像一具「可能在三十五歲結束人生」的行屍。

這位村姑看見了喬達摩的身影，便過橋走向前來，先道出自己名為修舍佉之後，便奉上一碗乳粥。

喬達摩喝了一口乳粥後，不知何故，一股熱淚湧上心頭，從兩頰滾滾落下。這碗乳粥，在當時絕不算是華美的食物，但對於只以樹木果實或草根為生的喬達摩來說，簡直如天上的美味佳餚。

這淚水，意味著他對捨棄了生命本身的喜悅，和一味追求苦行的自己，感到羞愧和空虛。如果修行是為了讓自己成為消瘦的肉體，是為了盡快結束人的世間生命的話，那麼其中到底包含著多少美德呢？其中的價值又何在呢？

這位村姑修舍佉並沒有獲得什麼覺悟，既沒有學過法，也沒有做過修行，但卻為何如此閃耀著光輝？猶如天上來客一樣光彩奪目。

可以說，彼此之差異就在於求生者與求死者之間。

喬達摩不知不覺熱淚濕潤了臉頰，他一面對「自己竟然還有眼淚」感到驚訝，同時也醒悟到「捨棄生命走向死亡邊緣的心，多麼淒慘悲哀」。

與這位村姑的相會，給予喬達摩新的認識轉機。此時，喬達摩的年齡是三十五歲多，還不足三十六歲。

六、生命的意欲

喬達摩自從遇到村姑修舍佉之後，強烈地感到必須把自己重建起來。他兩頰的熱淚，從某種意義上來說，意味著惜別了過去。

當乳粥流入胃中的時候，喬達摩體會到了一種難以表達的強大生命力，也感受到了美味。他由此認知到，對食物的否定，未必是到達真理之道。同時他還體悟到，食物在被人享用後，為人類行使高級活動而昇華，對食物來說，這難道不是一種喜悅嗎？食物只有被人食用才不會被浪費。

歸根究柢，人世間的萬物眾生，最終都是向更偉大的存在奉獻而存在。若把這些材料本身視為無價值的東西而捨棄的話，難道不是在修行者的大名下，犯下了傲慢之罪嗎？雖然材料本身並無所作為，但有了材料後，才能做出飯菜，才能做出美味的佳餚，這些不正是佛神所願望的嗎？

喬達摩有了如此深刻的感受。流過臉頰的淚水、對食物進入體內而湧上的感激、以及對修舍佉閃爍著光輝的生命力，都成了激發他產生重新振作、立志新生之想法的力量。

那時，喬達摩還有一個體悟，即對修舍佉歌聲中的「琵琶之弦，唯有張力適中，琴聲才會美妙」這句歌詞回味無窮。

「當琴弦張力適中時，音色才會美妙，琴弦若太緊的話，彈起來弦易斷。反之，琴弦過鬆音色則疲軟，甚至無聲。如今的自己，就好像是一根強繃著的琴弦，輕輕地碰觸也會斷弦。在這種狀態下無法發出優美的音色。」

儘管自己擺出了一副求悟、修行的樣子，可在實際上，不是連一個自然瀟灑的少女都不如嗎？

假使要問，對於修舍佉和我，天國之門會向誰打開呢？對兩者的選擇，天國之門無疑會向修舍佉敞開；而我則是一副像地獄鬼般的容貌，以這種可憐的狼狽相，恐怕打不開天國之門。

但即使還剩下幾年的時間也好，只要我還有一線生命的氣息，就一定要重新養好身體，不能消極，應該從事物中發現積極的意義。

當對生命追求的意欲湧上之際，也許就是邁向悟道的第一步。「在極端的修行中不能獲得覺悟，如此下去的話，只有死亡在等待著自己。若是為了死而生，今世的生命不就失去了意義了？」喬達摩無法否認這種思想。

喬達摩合掌施禮，向修舍佉道別。

他眺望著眼前的風景，發現四處皆是生機勃勃，因而深深感覺到，花草樹木等一切皆生意盎然，只有自己一人徒稱「修行、修行」，無視各種生命的存在。

假如路邊的一朵花，只是一心希望枯萎、凋零，只想從這個世界消失的話，那這個世界會變成怎樣呢？

假如動物也都厭倦生活在這個世界上，都想儘早死去的話，又會有怎樣的結果呢？如果牛和馬一心只想消瘦下去，不吃飼料又將怎樣？若不繁衍後代又會有什麼結果呢？

種種思緒在他的心頭掠過。

七、心之和諧

於是，喬達摩決定接受「佈施」；此後，他決定每天用一定的時間外出托缽。他居住的地區是娑羅樹林地（有樹蔭遮涼的一片小林地），一天中分朝、夕兩次外出托缽，四處走訪，接受他人誠心的佈施。

當喬達摩決定接受佈施時，便感受到在心中產生出了和諧的境界。

至今，無論對待什麼事物，都是懷著「自己、自己」的心念，總想自己一個人去解決問題，不接受別人的救援。

但當意識到了自己的心，就如同緊繃著的琴弦時，突然茅塞頓開。

「張力適中方為正途；自己沒有生活能力，就不該虛張聲勢、逞強好面子，就不該以『沒有食慾』做為藉口自欺欺人，應以修行者的身份接受人們的佈施。」

當時的印度社會普遍認為，向出家人施捨，等同於在天國存積寶藏，所以對有深厚信仰心的印度人來說，佈施是習以為常之事，也是在家信眾積蓄功德之修行。在如此背景下，喬達摩毅然決然地決定接受佈施，善用剩餘的時間，專心努力追求覺悟。

一旦放棄獨善其身的固執想法後，喬達摩感覺到自己的臉上出現了一種從容的表情，臉上恢復了笑容，肋骨清晰可見的消瘦身軀也開始增加了血肉，逐漸恢復了活力。

於是，喬達摩認識到，從前的自己是多麼的脆弱和消極，竟然成了否定性思想的俘虜；人應該從容不迫的生活，向天下眾生萬物學習。

此時，喬達摩產生了如下想法：

「願自己能夠成為關懷眾生，向眾生宣講善法之人，並且能夠對自身做出正確的判斷。希望認知這世間和人生的意義，實際感受眾人所追求的覺悟是什麼；體會何謂覺者佛陀，何謂佛陀的境涯。」

不久，喬達摩走上了旅程。「訣別舊生活，開闢新道路」，他好似聽到了這從內心傳來的聲音。

「依靠佈施，就不再需要食用樹木的果實或草根，到哪裡都無須為食物發愁了。

此時更可以無所顧忌地觀照世界，體察人心，提升悟境。」

他懷著這樣的心情走上了旅程。幾日過後，喬達摩進入了伽耶城。

八、心魔之戰

伽耶城是一座人口僅有幾千人的小城鎮。城鎮的中心有商業街道，來往的行人熙熙攘攘，好不熱鬧。當時有幾千人口的地方，就算是不小規模的城鎮了。

喬達摩在這個城鎮托缽化緣、接受佈施，而他將傍晚至黎明的這一段時間，做為自己提升悟境的時間。

每當夕陽西下時分，他便在離河邊不遠的一棵菩提樹（本名畢缽羅樹）下坐禪，當做自己每日的必修課題。這棵畢缽羅樹的樹幹之粗，需要幾個人合抱，在樹下可遮擋露水和雨水。

喬達摩那時主要進行了「反省瞑想」的禪修。如果只是單純將眼睛閉上，意識集中的話，在許多情況下會有惡靈、邪靈等從各方面來干擾。為了使自己的心保持和諧，首先需要回顧自己過去的所思所為，甚至從幼兒時期起一件件地檢視，如果與良心對照後發現有錯誤的地方，就應該誠實地自我檢討。

當喬達摩如此回顧反省到了二十五歲之時，無論如何克制，內心皆會湧上一些未能解決的隔閡，那就是關於妻子耶輸陀羅和兒子羅候羅之事。

兩位親人的面容浮現在腦海：「羅候羅也許已經長大了。耶輸陀羅的近況怎樣？她在思念我時，是否愁腸寸斷？」喬達摩一想到此，心便開始動搖。

那時，喬達摩的心對靈界已打開了少許，能夠聽到來自靈界各種靈人的聲音。某日，當他如常在畢缽羅樹下進行禪定的時候，忽從心中傳來了一個聲音：

「喬達摩啊！我是梵天，你要好好聽我梵天的話。你為求悟，修行已達六年之久，但經過這六年的修行又變得怎樣呢？到頭來，不是只能得到自己是一個凡人的證明嗎？

你忘記了做人的根本；人的根本，便是指結婚後組成家庭，養兒育女，過幸福的生活。而你卻放棄了這樣的幸福生活，丟下了妻小。在菩提樹下坐禪的你，可知人生中有何意義嗎？你完全錯了，快回迦毗羅衛城吧！讓妻小為親人的歸來歡喜吧！你自然能夠從中獲得大悟。人若不以世間的快樂為快樂，來世也將失去快樂。應在今世盡情地享受，世間的快樂程度越大，來世的快樂也就越大。

你還沒有充分地享受這份喜樂，應從家庭生活中享受更多的快樂。在優雅的時光中度過人生吧！這才是你於今世修行的意義。」

自稱梵天的來者，向他傳達了以上的訊息。

這些話語中，當然含有一些道理和有說服力之處，同時也說中了喬達摩的最大弱點。喬達摩深深地感覺到，自己對丟棄了妻小的愧疚之心，以及對從小養育自己的父王和姨母等的眷戀之情。自己是個不孝之子，對妻子來說，自己不是一個好丈夫，對兒子來說，自己又不是一個好父親。可是，無論如何反省這些事情，都難以了斷這些連綿的思緒。

他的心開始動搖，自己該回迦毗羅衛城繼承父業的想法，總在他的腦海中來去往返。

可是，喬達摩對這自稱梵天來者的最後一句話，感到有違道理之處。他從「此世的快樂程度越大，來世的快樂也就越大」這句話中，察覺到「話意中有微妙的顛倒」！

喬達摩察覺到這句話不對勁，並識破了一切，「這難道不是潛藏於己心對世間的執著，所翻弄出來的污濁嗎？這個自稱梵天的來者，實際上不就是魔嗎？」

「你就是魔！你雖喬裝成梵天，但你不是梵天。你是迷惑修行者的惡魔波旬，我已識破了你的真面目！」

聽喬達摩說完後，自稱梵天的來者便放聲大笑，毫不隱諱地說：「喬達摩啊！可真被你識破了，看來你修行的功力不淺。好吧！你就盡情地修行，虛度此生吧！」

喬達摩在此時深感這是「己心之魔」在作怪。

他體悟到「這並非是魔來迷惑自己，而是自身的弱點、執著招引了魔的到來。若不斷棄這種執著心，也就無法獲得真正的安然、平靜的心。譬如，即使是對妻小、父母的關心，若思緒總停留在這一點，而變成一種執著時，它就會形成一種痛苦擴散開來；魔就是在尋找這種縫隙乘虛而入的。」

於是，「斷執著」便成為了修行的第一步。這與「斷食欲」和「粗茶淡飯」不同，這成為喬達摩深入地思考「斷執著心」之契機。

九、大悟

經過與惡魔波旬之戰，喬達摩意識到了「似乎是自己的欲望之心在招引著魔」。

他還體會到，在心靈深處，在深層心理世界中，不僅有守護靈和指導靈等偉大的存在，也會有魔出來作怪。魔會把人心中的黑暗想念做為築巢的目標，棲身而來。魔以這種黑暗想念為惡性能量的供給食物，一有機會便乘虛而入，試圖一手任意控制人心，滿足其強烈的征服欲望。

喬達摩如此一步一步地深入瞑想，逐步提高了反省的精確度。

「無論是怎樣的思緒，若這個思緒在一點上停留下來時，心就會集中在這一點上，有如碰上了粘著劑一樣難以脫離，進而形成了痛苦的原因。

因此，願心無所拘泥，常處於自由自在的境地，這樣的心有如春天裡的小溪潺潺流淌，祈求能達到這種無執著的境界。

無論是善念還是惡念，若在這種想念上過於集中，心就會失去自由，就會失去像幼兒那樣的自由之心。最終，在拘泥性想念停滯之處，最易受到魔的攻擊。

要捨棄執著，放棄那種非做不可的好強心，進入一種更舒展、更開放、富饒和安然的境界。」

就這樣，喬達摩終獲大悟。

喬達摩回顧過去近三十六年的歲月，對人生進行了完整的反省。他不僅徹底反省，還捨棄了至今在心中的牽掛。當他達到了一種無執著、無拘泥的境地時，感到了一種偉大的安祥感在心中浮現。

這與前幾天惡魔波旬出現時的情形大相徑庭。喬達摩感覺到，自天上界有一道溫暖的光射入心懷，此時，傳來了梵天的聲音：

「喬達摩啊！你終獲大悟了！我們對你等待已久！我們在這漫長的日子裡一直守護著你，並為你的大悟感到高興！但這只是你覺悟的一步，如果沒有到達更高的悟境，你將無法完成今世的使命。」

「當你身處於王宮享受世間歡愉時，我們憂心忡忡。自你出家後，也曾擔心你在極端苦行中營養失調而死，擔心你因厭世自殘。但你現在達到了能夠聽見我們的聲音的境界了，對此我們感到莫大的欣喜！」

傳達此聲音的正是釋尊的過去世、自身的靈魂意識分身——利安托・阿爾・克萊德（Rient Arl Croud）和海爾梅斯（Hermes）等。這些高級靈以梵天之名，以印度式的形態顯現出來。

此後，喬達摩能夠以透視三世之慧眼，洞察宇宙的起源，地球的誕生、歷史和文明的興衰，以及觀視了自身於其中，幾次、幾十次轉生的人生，並預見了人類的未來。喬達摩在內心平穩、無執著之時，體會到了將自己的肉體置於畢缽羅樹下，靈體化為大宇宙的經歷。

這就是打開了心的王國之門的人所具有的神通，也是開啟靈性的實際遨遊，掌握到了自由自在的靈魂存在之證明。

洞悉「肉體與靈魂不同」的實相，成為喬達摩獲得大悟的第一步。

十、初轉法輪

喬達摩在菩提樹下獲得了最初的覺悟；覺者一旦品味到了這最高境界的滋味，便會想要永保這種狀態，然而通常都須返回到平凡的生活中，喬達摩也是如此。

因此，在菩提樹下獲得大悟，成為佛陀的喬達摩發願，務必要盡快把這個覺悟傳達給更多的人。如果不將善法廣傳，而只是將它埋藏於自己心底的話，那麼自己今世的人生將失去意義。於是，他決定向眾生傳達這真理覺悟。

此後，他在托缽時，不管遇到誰，都會對對方說：「我開悟了。我已成為覺者。我有如此這般的體驗等。」可是沒有人理睬。

人們反而對他言道：「修行僧啊！你的頭腦是不是出了毛病，太自命不凡了。你是在誰的指導下修行的？竟然如此高傲自大！獨自學習是不可能獲得覺悟的。」

但佛陀無論如何也想要向人們傳達那份感動，他回想起：「以前拜在優陀羅羅摩子門下時，從宮中一直跟隨在旁的五個同修者，曾驚訝自己迅速有了覺悟，並達到了與師父旗鼓相當的境界，後來卻因我放棄苦行離我而去。首先向這五個修行者傳達我獲得的覺悟，才是出發點。」於是，他走上了尋找他們的旅程，邁出了傳道最初的一步。

可以說，傳道的第一步就起始於「想傳達的心念」。傳道是將自己的親身領悟傳達給他人的行為，以及傳達給同樣在追求悟境的人的行為；在傳道過程中蘊藏著前往下一個悟境的階梯。

當想到「這是傳道的開始，後世定會將此稱為初轉法輪」時，佛陀心中澎湃，熱血沸騰。「傳道之心」與「探究更高悟境之心」交集在一起，讓佛陀迫不及待，一天也等不下去了。

第二章

八正道的發現

一、何謂八正道

在釋迦思想中，最有名的即是「八正道」，本章將就其內容加以說明。但本章的記述僅針對一般佛法初學者，有關專門的佛教教義解釋，請參閱拙著《佛陀的證明》。

雖說佛陀在菩提樹下獲得大悟時，便已萌生八正道思想之雛形，但具體的方法論尚未確立，直到足以向人們傳佈，大致花了約一年的時間。

在菩提樹下禪定開悟一年後，佛陀一邊與身邊的弟子和遇見的人交談，一邊逐步深入了覺者的境地。

他感覺到，為了將如此覺悟向人們述說，必須要有著某種方法論。當時有所謂的「六師外道」，講述各種各樣的法，佛陀強烈地認為：「自己必須能夠講述出，與這些人的教義完全不同的內容。」

經過反覆思索，他歸結佛法的教義最根本的要點於正心之上。

如何正心？如何調心？歸根究柢，必須使自己的心清澈，使之接近佛的境界。釋迦稱這個「接近佛之境界的心」為「佛性」、「真我」。

生活在人群之中，會受到種種思想往來之影響。在這樣的環境中，很難掌握到「什麼是自己的本心？什麼是自己的本分？存在於心靈深處的是什麼？」

但不管是任何人，只要避開了人們的視線，在沒有外界波動干擾的地方，靜靜地面對己心的時候，都能夠到達一種「無掩飾、無虛偽、真實的心」之境界。

即使人有時會出於虛榮心、自卑感，盡力在人前自我掩飾，但是，當一個人靜坐下來時，一定能夠掌握得到銘刻於心靈深處的至寶。這才是真實的心，也可以說這是佛心，是純淨的心，或者說是意識中純潔、不虛偽的部分。

以真實的心去回顧自己的行與思，便是八正道之出發點。

對於如何回顧行與思的方法，佛陀提出了八個檢視要點。這就是著名的八種德目，即「正見」、「正思」、「正語」、「正業」、「正命」、「正精進」、「正念」和「正定」。

在「觀」、「思」、「言」、「行」、「生活」、「精進」、「意念」、「入定」這八個心的方向性以及肉體行為上，加諸了「正確」之意。在此，這個「正確」並非單純地指對與錯的問題，而是指在進行深入觀察之意義上的正確。根據這八個項目靜靜地自我檢視，便是反省的主要方法。

釋迦幾乎多是在傍晚或黎明時分進行反省；他在八個德目上各進行了大約二十分鐘左右的反省。他透過了這樣的反省，讓自己的心變得清澈，並逐步得到淨化。

以上即是八正道的大致輪廓。

二、反省的奧秘

在各位大致理解了八正道之輪廓後，接下來，進一步對「實踐反省法之實踐目的，以及為何需要反省」進行說明。

佛陀透過不斷省思，而徹底成道，智慧圓滿。

「反省」是發現並尋找回原本「閃耀的自己」之行為。「閃耀的自己」是指位於心靈實相世界之中的自己。

離開地上世界，前往心靈世界，這是由四次元、五次元、六次元、七次元、八次元和九次元各種不同的次元世界所構成的。而在實相世界中，人的靈魂能夠光彩生輝，主要是七次元以上的世界。佛陀所講述的反省，最終是為了讓人掌握達到七次元菩薩界之境地的方法和理論。

通往菩薩境界的第一步，即要擦拭附著於內心的塵埃、污垢，使自己的心發出光輝來。在自我完成的世界中，繼而努力實踐「愛他行」、「利他行」，此稱之為「菩薩行」。

譬如在擦拭餐具時，如果擦拭用的毛巾很髒的話，餐具是怎麼擦也擦不乾淨的，所以，首先必須把毛巾洗淨。同樣的，如果不先把掃帚清乾淨，房間也是無法打掃乾淨的。

即使外表打扮得如何漂亮，若裡面穿的是好幾天都沒洗過的內衣的話，也無法給人有好印象。再譬如說，一個沒有充實內涵的教師，儘管他如何拼命去教育學生，他的學生是不會有進步的。

其重點在於，人可以很簡單地發出「愛他的心念」，但如果要使這個心念具體付諸於行動上，首先必須充分地觀察自己，檢討己心，打造自己，使自己所發出的光芒照耀在別人身上，這是反省修持的奧秘所在。

人在「自己持何種心態」的問題上，被賜予了完全的自治權。若想要確實地讓他人的心也閃耀光芒，自己首先必須洗滌內心，使之發出光芒。唯有通過這樣的體驗，才有可能去教導他人「何謂反省」。

若從狹義上去理解，似乎有利己主義的論調，但學習「法」之出發點就在於此。如果沒有管理、駕馭自己的心，不想讓自己成為更優秀的人的話，也就可以說此人與「法」無緣。對於這種人來說，「法」是毫無意義的，講起來也只是「對牛彈琴」；希望各位確實地把握住這個出發點。

三、正見

首先，讓我們來深入思索八正道最初的項目——「正見」，即「正確的觀察」、「正確的看法」。這是指排除了先入主的觀念，站在事物的根本點上，用智慧之眼明察秋毫。

總的來看，人的煩惱似乎主要由「雙目觀視」的行為開始產生。如果是盲人的話，此人犯罪的機會也就相對地減少了。「欲望」大多也由視覺而來，當看到了異性的姿形美貌，看到了他人的金銀財寶、豪宅等，欲望便會漸漸露出頭角來。

因此，如何判斷映入眼簾的訊息就很重要了。人的感情波動，多是起因於眼睛所看到的訊息。

為此，人在一天結束的時候，有必要調整呼吸，深入地靜觀自己的內心。當你達到了能夠感受到「自己與佛成為一體」、「偉大的神聖能量由光的管道注入心中」的階段時，就可以嘗試把度過了一整天的自己，完全當做是他人，從第三者的立場來反思觀察，對這個「他人」是如何看待事物等，從批判性的角度進行檢討。

這個「看」，最終是指「對自己看到的事物如何認知評斷」。

當一個人做出了某種行為時，周圍的人對其看法各不相同。譬如，某個年輕的公司職員，在公司裡提出了一個新方案。於是，對這個舉動的認定便會因人而異。

此人的上司如果用肯定的態度看這件事，就會認為這個年輕人很有幹勁，有進取心，有發展前途。

如果是持否定的態度去看待此事，或許會產生如此想法：「他才進公司沒幾天，就敢誇下海口，真不自量力。先做好日常事務性工作後，才有資格談計劃、理想。他還需要學習什麼是謙虛，應該讓他自己知道自己太自不量力了。」

兩種看法，觀點分歧。

在此，必須設想一下，這兩種看法哪一種比較接近真實的一面呢？如果前者是對的，那麼自己為何會持與後者相同的觀點？為什麼對這位年輕職員的做法感到不愉快呢？有必要如此探求其根本原因何在。

或許經過一番思考之後會發現到，自己在年輕的時候對他人的批判很反感，或者對自己沒有勇氣積極地向公司進言感到很窩囊。如果發現了諸如此類的根本原因之後，就需要去整理這個部分。

「正見」必須包括上述的作業程序。

當然，若從佛教的教義來說，「正見」還可以透過「苦」、「集」、「滅」、「道」之四諦的程序進行觀察。此外，還可以根據「緣起法則」的法則，在把握事物之連鎖「因果」關係後，做出深入的解釋。

四、正思

接下來探討「正思」。

「正思」是指「能否以佛法真理為判斷基準進行思考」的自我分析。簡單來說，就是站在佛的立場上，冷靜地分析自己到底在想些什麼；能夠做到這一步的人並不多。實際上，若能完成「正思」反省，即意味著自己已完成七、八成的反省了。

所謂「思」、「思維」，就是指日常生活中來去於心中的思緒，其線性波動如同一個沒有方向、漫無邊際的波浪，起伏不定。

此人究竟是怎樣的一個人，視其心中來去的思維就能大致定論。因此，人除了使其心思變得純潔，且具有深度以外，而別無其他能夠成為偉人之路了。

從一個人的行為舉止來看待此人，在某種程度上還可以判斷其行跡，但對於這個人的「心思」，別人就難以讀解了。在思考的內容上，人與人千差萬別，甚至南轅北轍。

假如人心有一扇門，可以用鑰匙打開，讓心中的思維像電視一樣被放映出來的話，那麼一個人究竟人品如何，可就無法掩人耳目了。

若一個人的心中充滿了凌亂不堪的思緒時，就不得不說此人的人生很淒慘；相反，若心中充滿了美好的念頭，就可以說此人的人生賦有美麗的色彩。

由此可知，「如何提高思維內容」與創造和諧社會的關係是緊密相連的。如何讓世人的心念變得更加美好，最終可以說是美化世間、消除地獄的方法。

因此，「深入觀察自己的思維之真實面目」，便是「正思」的出發點。我們必須時常檢視自己在心中描繪的事物為何，如果有了惡性的想法，就應當立即修正，要建立起一種隨時修正混濁念頭的自覺。

在一天結束時，需要反省自己一天中的思緒，譬如，在想要說別人的是非時，雖然能夠控制讓自己不說出口，做到了「正語」，但如果自己內心的怨憎如浪濤一般的話，這就是一個明顯的錯誤，需要及時地糾正。

如果能將掌握自己的心思視為一種義務，成了一種習慣的話，便能漸漸地達到正思的深層境界。

心懷修行之志，積累以佛法真理為基準，正確地判斷事物的能力，如此，離正思的根本意義便不遠矣。

五、正語

接下來講述何謂「正語」，即「正確的言語」。

在上一節「正見」中，講述了錯誤的看法在心中會形成的毒素。人在很多情況下，更會因為一些負面言語而接收消極的影響後，進而擴散這毒素。或許也可以說，人的苦惱多半是來自他人的言語。

有時，他人的言論會給自己帶來不快，自己的言論也有可能給他人帶來不幸。言語對於人的幸福與否，有著非常緊密的關係。在某種意義上，如果人們都能夠做到「話語協調」的話，就有可能使地上世間成為理想的社會。

在靈天上界，越是接近高級次元的靈界，就越能夠端正言語。在高級靈界中，沒有人會對他人惡言中傷，儘管有時不可避免地需要說出批判、導正他人的話語，但多是在他人需要善意的開導之時。在高級靈界中，沒有人會從心底說憎惡他人的話。

「話語」是評價人性的大致基準和參考。因此，自己在日常生活中的言詞，便是在「正語」反省項目中，很容易理解和把握的檢查要點了。

在進行「正語」的反省時，要具體地思考「自己在今天一天，說出了什麼樣的話」。講話時都會有他人的存在，所以還必須試著思考「什麼樣的人出現在自己面前？自己對這個人說了些什麼」？

當一個人的心情低落、健康狀態不佳，或處於煩惱的狀態時，很容易對他人說一些否定性的話。所謂「否定性的話」，即是會造成對方不悅的言語，是使對方受到心傷、陷入不安，使別人感到前途黯淡的言語。

「否定性的言語」一旦說出口，即等同於「讓不幸再度擴大」。當自己被黯淡的情緒籠罩時，此時都還只是陷在自我風暴內，可是一旦用言語發洩出來的話，這個病菌就會傳染給他人。如果別人在一大早就被你的話語給攻擊，那麼此人一整天可能都不能愉快，同時，這種不愉快的心情還會傳染給周圍更多的人。

所以，端正言語是非常重要的修行。說善言、講正語，講話的內容應該要符合佛心。在這種端正言語的修行過程中，其實也在端正我們的思維。

換言之，應常說「真話」，避免講「惡口」（不說別人的壞話）、「妄語」（不說謊言）、「綺語」（虛偽的奉承話）、「兩舌」（破壞人際關係的兩面舌）。

對於正確的行為，佛教將「不可殺生」、「不可偷盜」和「不可姦婬」等等，不可做犯罪行為視為基本，然而做為現代的解釋，「正業」也應涉及從事正確的工作。

六、正業

處於日趨擴大的商業社會中的現代人，對於正確的工作之認識尤為重要。

此時，需要先探討「應該如何看待以利益掛帥的社會」此問題。無論是民營企業，還是政府機關，都需要維持收支上的平衡，否則就難以經營下去。政府機關需要有稅收，才能提供行政服務。換言之，能夠換取利益的行動目的，才能符合現代企業的核心價值。

人在這樣的社會中應該如何謀生呢？應該從事怎麼樣的工作呢？應該建立那些正確的態度呢？

若從傳統佛教的觀點來看，在競爭激烈的商業社會中，不但難以靜心瞑想，也難以實踐「八正道」。即便如此，也不能輕易地對汲汲營營的世間社會一概否定。雖然忙碌的社會不太適合入定瞑想，但從某種意義上來講，現今社會具有磨練靈魂和促進心靈進步的一面。

因此，所謂「正當的工作」意義上的「正業」，其最為重要的觀點，可歸納為以下兩點。第一點，自己的工作目的不可以違背自己的良心、純粹之心。每個人在轉生到世間之前，已在某種程度上對自己未來人生訂定了計劃。也就是說，在確定這個計劃之時，已經對自己「希望的生活方式」做過選擇。

這個計劃是否與現在的工作相一致，是有必要予以確認的。如果完全不一致，只是為了餬口過日子，只是為了獲得經濟收入而做，那麼長期從事這項工作，就會產生精神上的痛苦。所以，從事適合自己的工作是很重要的。

在具有組織性的社會中，有一個「適才適所」的觀點，即在工作職責的分擔上，不一定一切必須採取單純的平等主義。雖然在機會上需要平等，但在實際工作職責上則無須平等，這就是所謂的適才適所；這是發揮人的才能和組織潛力的方法。

因此，所謂「正當的工作」，首先需要是能夠真正地發揮自己實力的工作，以及至少不是違背自己良知的工作。

其次，在遂行工作的過程中，能夠做到與他人保持和諧，並不斷地擴大這個幸福的範圍；我認為這個觀點勝過一切。

當然，在具體工作中，企業與企業之間會產生利益性的衝突，但如果這種企業的競爭，最終能夠帶來社會整體性利益的話，那麼這種競爭是應予以肯定的。

眾多的廠商競相開發新產品，銷售低價格的產品，若從大方向來看，這有利於社會的整體性發展。從這層意義來講，企業之間生死存亡的激烈競爭，未必屬於惡。因為，若只有一家公司壟斷著某種商品的話，有時則會出現妨礙社會福利的現象。因此，從佛法真理的角度來看，在良性方向上的競爭是可以承認的。

但如果是會造成人際關係的惡化，或是對公眾有害的工作的話，則必須予以否定。正當的工作應是一種能盡可能地為多數人創造幸福的工作，並且在工作的方式上，也必須能夠兼顧到能與他人維持和諧的人際關係。

以上即是現代社會中有關「正業」的重要觀點。

七、正命

「正命」即是「正確的使命」，是否「正確的生活」。

每個人一天中都有二十四小時，一年有三百六十五天，並且，最終將離開人世，大多數人都難以活到百歲。

人在一天的範圍內，需要有幾個小時的睡眠時間和吃飯時間等，剩下的是工作時間以及自己的休閒時間等。

任何人被賜予的一日，時間長短都相同，這是無法抗拒的事實。它與此人天生的才能無關，每個人都有二十四小時。如何使用這二十四小時，便決定了此人的人生；我認為再沒有比這個更公平的了。

一天二十四小時，日復一日，有些人能成為一國的元首，成為著名學者、思想家，而有些人則是飽食終日、遊手好閒。若從因果論的觀點去尋找其差別的話，就可歸結於「是否善用時間」之上。

因此，若用現代的話語來解釋「正命」，即是「自己過著怎樣的生活？如何使用每天的二十四小時？累積每天二十四小時的每月每年，自己是怎麼度過這些時光的？」

在此，我必須鄭重地提醒各位讀者，若認為時間很寶貴，就應該將一天做為一生去使用，認真思考在這個時間內應該做些什麼。

儘管很多人會樂觀地認為，「今天會像昨天一樣平凡地過去，明天還會像今天一樣到來」，然而明天是否還能活著，是無法保證的。假設在今天的午夜十二點，自己此世的人生將會結束的話，那麼，你又會做些什麼呢？會如何使用剩下的時間呢？我想多數人都會心想「這可糟糕了」！

總而言之，「正命」之觀點，即隨時假設自己的肉體生命終將在今日結束時，好好回顧自己是否虛度了一生的歲月。反觀自省能使你驚訝地發現，到處有發展與成長的契機，但自己卻放棄了這些機會。

關鍵就在此，「以一日為一生，假使今天死去的話，自己對於今天一天會不會感到後悔呢？」從這樣的觀點出發，去檢視一天中發生的事和自己的言行。時刻反省，持之以恆，你才能體會到什麼是「正確的生活」。

此外，從傳統的佛教觀點來看，以違法行為（犯罪行為）謀生，以及從事明確違背了佛法真理的職業（邪教等錯誤思想指導等），都是違背了「正命」。

八、正精進

下面將探討「正確地走在求道之路上」的內容。「道」在此是指佛道之道，佛法真理之道。

人很容易漫無目的、得過且過地消磨時光，但其實，人生是有明確的目的地的；這個目的地，即是穿越死亡關口後到達的天上界。

人的靈魂能回到天上界，即是與偉大的佛所立下的靈魂進化計劃有關，「正精進」的意義在此便得以明確。要思考「正精進」，就必須想一想世間三次元世界的存在目的是什麼。

這個三次元世界是靈魂學習、修行的場所，是受教育的地方，同時也是偉大聖光的藝術舞台。換言之，即是佛之榮光、佛之繁榮再現之場所。這是重要的觀點，探討「正精進」這關鍵就在於此。

我將「正精進」的觀點做以下兩點歸納。

第一，如果能夠認識到世間是靈魂的學習場所，就必須去思索：「自己的生活方式是否依循著靈魂學習的主題？是否持續地做著這種努力？」

若將「正命」視為一天天循環性的短期決戰的話，就可以將「正精進」視為以年單位的中期規劃了。「在一年、三年、五年或十年內，應該塑造怎樣的自己呢？為此，應該做好怎樣的準備呢？」正精進的觀點與此有關。

從靈魂學習的觀點來看待現在自己的人生態度，此為第一個觀點。

第二個觀點，即是確認靈性的進化和靈格的提升，這是「正精進」的目的。若自己的人生態度不能使靈格向上提升，就不能說是「正精進」了。

所謂靈格提升，即意味著覺悟的境界有了提高。對於覺悟的境界所指的是什麼，以及如何提高覺悟，我想從下面的三點來解答。

第一點，是否能夠觀察到自己的真實姿態。這是指能否以公平無私、客觀的第三者的角度，或是說以佛的角度，清楚地觀察到毫無虛偽掩飾的自己；這就是覺悟的境界有無提高的檢查要點之一。

第二點，在人際關係的互動上，不應有事不關己的態度，而應該保持與他人的和諧關係。把他人視為同胞、夥伴，以「同為建設烏托邦的光明戰士」的角度去看待其他人。

第三點，深入地理解人生和世界的存在意義，即能夠清楚地了解自己生存的環境具有什麼意義。

當你能夠做到以上三點時，便可以說自己的靈格正在提升了，「正精進」的目的亦在於此。

九、正念

八正道的第七項基準為「正念」。

若是將「祈禱」亦放入佛教當中的話，這個「正念」就和下一個「正定」有關。對於祈禱，佛教是分解為「正念」和「正定」。

所謂祈禱，是指發出具有目的性的精神波動，它需要保持和諧的心。可以說是一種「入定發出念力」的行為儀式。

因此，「反省」和「祈禱」不能夠完全分開，在反省當中包含著祈禱。並且，即便在理論上難以理解，亦可以將祈禱視為反省的一種發展形態。總之，希望各位能夠認識到，在八正道的內容當中，具有相當於祈禱的部分。

那麼「正確的意念」意味著什麼呢？「正思」是調整自己思緒的方法，是對一天中往來的思緒做整體性的歸納，而「正念」則偏重於對自己未來的人生計畫、將來的自己做出完善的計劃，或是對自己將來的展望。

換言之，「正念」即在檢驗自己能否做到設定正確的目標，以及能否正確地描繪出理想的自己。這在某種意義上即是在問：「你的人生計畫、自我實現計畫是什麼？你的心中總是出現什麼樣的意念？」

對於生活平凡的人來說，為家庭平安和家人健康，行祈禱之「正念」是可能做到的。但對於具有更高的精神境界的人來說，人生是一個連續性的目標設定和規劃，因此「建立實踐目標和堅定意念」即顯得格外重要了。

這即是說，反省項目之一的「正念」，就是好好掌握具有目的性的念想。

假如某人有著「想陷害人」、「不讓某間公司發展、壯大」、「要阻礙他人晉升」等想法，那麼這些想法就做為錯誤的「意念」被記錄下來。因此，「意念」應該朝著希望一切事物都能夠變得美好的方向上前進。

「念」、「意念」可以透過精神統一來增強，因此，如何控制「心」、掌握「意念」就變得至關重要了。然而很遺憾的，對於從未思考過心念是什麼的人，或是對於完全不知道的心靈具有神秘力量的人來說，「正念」只是一種遙不可及、難以捉摸的修行方式。

從這層意義上來講，「正念」是一個具有高度發展性、提升心靈層次的反省方法。

十、正定

最後是「正定」，是否「正確的入定」。

簡而言之，這與宗教之根本部分相關連，即「如何進行精神統一？如何感受靈界高級靈的存在？如何感受心靈深處的佛心？如何使自己的心與佛心相通」。

如果沒有經過「正定」之關口，就不能說真正獲得了「精神性的覺悟」，也不能說「實際感受到了世界之實相」。

人想要知道自己的「過去世」（前世）或「未來世」，不是輕而易舉就能做到的。但是，透過了正確的入定，便可感應到諸高級靈之存在。當發覺了己心具有偉大的力量之時，即能說此時獲得了一種非凡的體驗了。

從結論上來講，「正定」的最終目的是為了獲得真實的智慧，以智慧的力量，從世間的束縛中獲得解脫。

「正定」的另一個目的，是深入地挖掘自己的內心世界。透過如此反省，可以達到與內在的守護靈、指導靈進行深層意識交流的境地。

所謂「知識」，若無靈性的根據和佛法真理之根基，就絕非真材實料。因此，即便是知識淵博的人，若沒有「正定」之奇妙體驗，同樣無法成就圓滿人格，也不可能成為靈性境界上的偉人。

雖然有些偉人未必熱衷於宗教，但他們必定經常靜觀己心。有的人是透過在散步中的思索等各種形式，進入了「正定」，與遍布於宇宙之光能進行交流。

深入地挖掘自己的內心世界，讓可能性無限擴大。雖然世人的知性力量有限，但當進入「正定」階段之後，這個侷限便能夠突破，將自己與全宇宙之睿智相融。

因此，依據「正定」進行反省，即能否確認到「宇宙的自己、宇宙中之一員、佛創造的世界之一部分的自己」。當到達了「正定」之階段時，才意味著修行之完成。

「正見」、「正思」、「正語」、「正業」、「正命」、「正精進」、「正念」和「正定」的八正道全都完成之時，至少可以說已到達到了阿羅漢之境界。隨後，才有可能向上一階段的菩薩界邁進。

希望讀者們理解，以上八正道的修行方法體現了希望與進化之原理。

第三章

六波羅蜜多的思想

一、內在睿智

我認為，釋迦的思想最明顯的特徵是「內在睿智向外湧現」之想法。

因此，原始釋迦佛教並不像許多現代宗教那樣，有祈禱、祈願對象的信仰。換言之，其出發點在於自力。（當然，佛教隨著歷史的變遷，在逐漸轉向大乘化的過程中，開始了對天上實在界佛陀的信仰。在這個佛教他力化的過程中，也有佛陀意識的指導。）

其自力之依據，即在「內在睿智」（般若波羅蜜多）之向外湧現的理論上。依據釋迦本身的思想，這「內在睿智」是與大宇宙意志、佛神相連通的。

因此，從嚴密的自力修行之觀點來看，他力思想之存在依據並非十分嚴謹。換言之，釋迦生前的思想，是使每個人都能成佛、向佛的境界進化，所以「信仰存在於自身之外的佛神」這種他力思想並不是佛教的出發點，在這一點上與其他宗教大不相同。

當然釋迦接受了各種高級靈的靈示，因此他充分地知曉諸高級靈的力量，也知悉根本佛之存在。然而，他根據自己修行過程中所獲得的經驗，在引導弟子時，採用了「深入發掘自己的本質，並從中發現內在的睿智」之理論。

各位須知，挖掘內在的睿智，使其湧現而出，是佛教之根本所在。因此，可以說佛教與基督教在出發點上，有著極大的差異。

基督教「人為罪子」的思想，未必能說是耶穌本身的思想。與基督教相較之下，可以說追求開悟智慧的佛教思想，較為領先了幾步。這是因為在基督教中，尚未構築出一個能使人成為神的方法論。

基督教只是對「父、子、聖靈」，做了「天父之神、神之子基督與諸聖靈均儼然存在」的講解，而眾生卻似乎只能被理解為是需要被拯救的一群羔羊，人的存在似乎是處於一個淒涼的場景中。

然而，在佛教之根本點上，以佛性思想為中心，人的生命形像是強有力的。釋迦視人的本質並非是脆弱的肉體，而是充滿了善，蘊含了豐富的可能性。佛教關於「業」的思想，也並非僅具有負面的意義，更具有「在人的心靈深處蘊藏著無限的睿智」的觀點，這與「六波羅蜜多」的思想相通。

釋迦認為，「透過實踐六波羅蜜多的六個德目，可使內在睿智湧出，使佛光如泉湧迸發出來」。釋迦的這種思想，結成了大乘佛教思想之果。「人從根本上來說是極有價值的存在，並且在本質上與佛無異。」如此積極的人生觀得到展現。

在這層意義上，佛教自始至大乘運動之過程中，具有了「用自己的力量拯救自己」或「人已得到了拯救」之肯定性的思想。

二、心念與行為

於前一章對八正道的說明中，我主張以人的內在想法為中心進行反思。然而，釋迦的思想並非只是以「內在、內向」的觀點來觀察人，同時，還非常重視「心念」與「行為」之間的關係，以及兩者之間連續性和整體性。

若是真心的想法，就必定會以某種形式表現於外。如果真的是刻劃於心的想法，將無法掩飾，勢必會透過行為表現出來。

這即是說，若從內在面追求「悟」，那麼這個「悟」所得之結果必會於外在行為上表現出來，並且這個行為肯定能表現出此人「悟」的性質和種類。

因此，想法與行為是一體兩面。此人是否是以佛法真理為準則過生活，可以從其想法和行為兩方面做衡量；這是佛教所講述的理論。

那麼，對於「八正道」有關的想法，會以怎樣的方式表現於外呢？「六波羅蜜多」即能解釋這個問題。

看起來，「六波羅蜜多」與「八正道」似乎有重疊的部分，但「八正道」是以「端正想法」為著眼點，而「六波羅蜜多」則是「內心想法表現於外的適切行為，乃覺悟者的修習法門」。

歸根究柢，修行者之真偽，可以從內在面的「想法」與於外界的「行為」兩方面來觀察。

如何看待和評價「修行」，對釋迦佛教來說，是極為重要的課題；這一點不侷限於古印度的時代，即使在現代也同樣重要。一個宗教是否是正確的、是否是真的，可以從心念和行為兩方面去確認。

即便口頭上說得很好，但若是宗教內部的人，在人品和行為上令人起疑的話，這個宗教就讓人難以信服了。即使向信徒說得冠冕堂皇，若中心人物的生活糜亂不堪的話，他又如何能夠成為修行者的典範呢？

一個修行者，有義務以表現於外的行為，去證明自己的內心修為。

三、利自即利他

在思索釋迦佛教時，「利自即利他」（傳統稱為「自利利他」）的思想是至關重要的。（注）

佛教界中有些人認為大乘佛教是後人所創，在釋迦涅槃五百年後，是後世的人創建了大乘佛教思想，編纂了大乘經典。

此外，還有龍樹菩薩的靈魂去了實在界，取回了大乘思想之說。很多人認為，釋迦所說的教義屬於完善自己的小乘教義，而救濟大眾的大乘教義為後人所創。然而，事實並非如此。雖說大乘經典是後人編纂的，但其大部分思想，實際上在釋迦時代早已確立。

因為，釋迦認為修行者如果只知道孤芳自賞、離群索居，那麼就失去了在今世持肉體的意義了。

釋迦在喝了村姑的乳粥後體悟到：「苦行中無覺悟，唯有中道才能求得覺悟。」在這個思想延長線上，包含著藉由磨練己心，讓自己更幸福的利自思想，以及將此幸福感傳播給他人的利他思想。在「中道」思想中，有如此「利自即利他」的想法。

人是一種在社會生活中謀生的社會性動物，因此，就不應該成為一味地追求依靠自力的傲慢者，而應該為如何助人著想；將自己的所學傳達給他人比任何事都重要。

在釋迦的思想中，可以看出其濃厚的教育家色彩。

從現今社會的角度來看，「利自即利他」具有以下涵義。

「在磨練自己，使自身偉大的過程中，需促進理想社會的建設，擴大幸福的範圍，並完成自己與他人之間的偉大和諧。傑出的人不應給周圍帶來不和諧，而應該藉由自己的成長，增進社會的幸福。」

換言之，這就是「將個人透過覺悟所獲得的幸福感，還原給世人」的思想。這是一種非常重要的思想；維持「利自」和「利他」的同時，在順序上還不能忘記是「從利自到利他」、「利自本身要與利他相連結」。

實際上，在此產生出了一種微妙的思想。以八正道為中心的修行方法，雖然是為了到達「阿羅漢」境界的修行方法，但是要從「阿羅漢」到達「菩薩」境界，則多少需要有利他的思想和行為。換言之，不能將利自與利他分割開來，「在利自之中須播下利他之種」，這是成為菩薩的條件。

在後代禪宗中，於獨善世界修行的人，之所以未能獲得六次元光明界以上的覺悟，原因就在於此。

「六波羅蜜多」的思想，也是從「菩薩」到達「如來」的階梯，換言之，「六波羅蜜多」是以實踐的角度來論述八正道，是為到達「菩薩」，進而到達更上層階段「如來」的修行方法。

我將在以下各節，就六波羅蜜多各個論點做詳細的說明。

注：在佛教當中，將利益自己稱為「自利」，然而為與「利他」講究平仄，故於此處稱為「利自」，並將「利自他」改稱為「利自即利他」。

四、佈施波羅蜜多

六波羅蜜多，一開始即「佈施波羅蜜多」，別名為「佈施之完成」。

在釋迦的思想中，極為重視「施」的觀點。「施」一字非常具有佛教色彩，但是在其根基上是愛的思想。基督教的愛的思想，也流動於佛教的佈施、給予的思想之中。

六波羅蜜多的第一項，即為佈施波羅蜜多，這表現出釋迦非常重視蘊藏慈悲涵義的愛的思想。

接下來具體解釋「波羅蜜多」的詞意。

「波羅蜜多」是印度語 Paramita 的音譯，意指到達彼岸，即「到達理想的狀態」。但「波羅蜜多」的意譯也非常貼切；「波羅」是指「內在」或「內心深處」的意思，「蜜」指「非常有價值、珍貴的」，「多」則為「滾滾湧現的樣子」；如此意譯通理達意。

換言之，「波羅蜜多」即是「深入挖掘心井，睿智即會滾滾湧現」的意思。

「佈施波羅蜜多」即是指透過佈施的行為，品味滾滾湧現的睿智，並將其齊備於己身的修行方法。

佈施分很多種，最常見的是向出家修行者、佛教教團和貧窮者等施予衣食、田宅和財物等物質，這被稱之為「財施」；施予他人財物也是屬於愛的行為。（即便貧窮無法進行財施，也有施予笑容的「顏施」。給予笑容也是很好的佈施，顏施可以使社會變得更美好。）

此外，還有「法施」，這可以說是具有一定精神性深度的佈施。對於心靈乾渴的求道者來說，有如在沙漠中尋水，對其施予佛法、傳達佛法真理教義，以及對其煩惱做解答，即是最大的佈施。

在釋迦的時代，人們對修行僧施予物品，但是修行僧給予了人們比「物施」更多的回報。換言之，這些修行僧透過「法施」的這種施愛的行為，對在家信眾做了感謝和報恩。當然，在家信眾對尚未覺醒信仰之路的人傳達教義，也屬於法施。

進而還有「無畏施」；這是幫助持有煩惱、痛苦和恐懼心的人解除恐懼的佈施，使其獲得安祥的心，救人於危難之中。

以上的財施，法施和無畏施，被稱之為「三施」。

五、持戒波羅蜜多

下一個修行方法和修行目的，即「持戒波羅蜜多」，這稱之為「守戒之完成」。對於修行，人們常會有修行是否一定要有戒律，或者修行是否意味著要過檢樸的生活的疑惑。持戒的觀點，不僅在佛教中有，在其它宗教教義中也有。

在戒律方面有名的宗教，有伊斯蘭教和基督教。伊斯蘭教中有著非常嚴格的戒律，在基督教中，也一樣對修道士和修女有著相當嚴格的戒律。

之所以需要戒律，是因為世間上有很多誘惑，為保護修行者而設置了一道防線。一味地要求實踐「正思」、「正業」等，一般人或許難以理解。因此，設定了「至少遵守這些事項，不要違反這些規定」等等類似防波堤的戒律。

釋迦認為戒律是非常重要的；理由之一在於戒律有教育眾生的作用。如果不設定某種程度的戒律，對於修行者來說，要在每天修行中律己是很困難的。

「持戒波羅蜜多」中主要定立了五戒，即「不殺生」、「不偷盜」、「不邪婬」、「不妄語」、和「不飲酒」的五條戒律。換句話說，即「不要殺害生命」、「不偷盜東西」、「不要姦淫」、「不說謊話」、「不沉溺於酒精，不沉溺於誘惑」。

由於當時人們互相殘殺的情形很多，所以，首先是教育人們「不殺生」、「不要殺人」，「不要犯殺生之罪」

其次，是教導人們「不偷盜」。所謂偷盜就是掠奪、偷取他人的財物，偷盜雖會為己帶來利益，但另一面卻會傷害他人，使人心陷入不安，擾亂社會秩序。

接下來是「不邪婬」。所謂邪婬，即是與婚姻對象之外的異性發生了不正當的關係，為什麼說不可以邪婬呢？理由有兩點。一，它會破壞家庭生活的秩序；其二，它使人心執著於情慾，妨礙正常的修行。

當然，在過去國王或大王、王族等，在身份上需要許多妻妾，並得到了社會民間的承認，所以不屬於邪婬的範圍。

佛教在傳統上，並沒有採取基督教的一夫一妻制，承認一夫多妻；當時是有鑑於愛情關係、經濟上的支援、身分、工作上的需要，這也是讓歷代王族會皈依佛教的相關之因。

第四是「不妄語」，妄語包括說謊和誹謗。一是「不要說謊」，另一個是不可說別人的壞話和中傷他人的言詞，並且禁止設圈套誣陷他人。

當時，在釋迦教團裡修行的人當中，總會有人講別人的壞話，或者嫉妒修行較好的人。因此釋迦教團制定了「不能說惡性的話語」的不妄語戒規。

最後是「不飲酒」。飲酒本身是好是壞，各有紛說。在實在界的高級靈們也會品酒，因此不能說飲酒本身不好。

但當時在印度的土產酒盡是一些影響健康的劣質酒，並且當時一般認為飲酒的人是放縱自己的懶惰者。

但是，飲酒明顯地妨礙精神統一，也有著會讓人喪失了上進心的一面，因此，為了維持教團秩序，釋迦教團制定了禁止飲酒的戒律，其主旨在於「克己」和「不可屈服於誘惑和欲望」。

以上是釋迦時代具有代表性的戒律，大多已被制定在現今的法律之中，看來現代應需要有更多不同的戒律。

六、羼提波羅蜜多

「羼提波羅蜜多」，別名「忍耐之完成」。佈施、持戒之後，釋迦講述了「忍耐之德」。

回顧釋迦的一生，可以感覺到忍耐是釋迦的特徵之一；在漫長的歲月中，要開拓己心，使靈魂昇華，「忍耐」是絕對必要的一項修行。因此，「羼提波羅蜜多」是修行者被賦予的一個重要德目。

人們之所以會有焦躁的情緒，大多是起因於缺乏忍耐力。這種焦躁，在結果上會使人心煩意亂、心神動搖，繼而發展成為與他人之間人際關係的障礙。

一旦認知到忍耐是使人生走向勝利之路的重要特質時，可說此人的心境已經更提升了一層。

「羼提波羅蜜多」主要由四個忍耐修行部分構成。

第一是要對焦躁警戒。做為修行者的特有問題，有時會想要比他人提早獲得覺悟，進而出現焦躁的情緒。然而，要達到真正的悟境，需要無盡的時間。修行者之所以被稱之為修行者，即在於此人必須在漫長的時間中，對於尚未獲得覺悟抱持著忍耐。一旦失去了忍耐力，便會開始墮落。

第二是「忍辱」。忍辱並非是一味地忍氣吞聲，而是不讓悔恨之心留於心中，一流而過。

在傳達佛法真理的過程中，時而會遇到他人的批判或中傷；這種現象不僅在釋迦的時代有，在現代也有。越是真實的教義，也就越會激起相對應的批判。這是因為錯誤的思想和邪惡的流毒橫行於世，當真實的教義出現時，就會成為他們眼中的敵人。

此時，不能因為遭受了攻擊而中毒倒下，應泰然處之，維持修行者應有的態度；

這是修行者一大用心之處。

第三是對於親友反對的忍耐。在三次元世界當中，修行者實際上是在進行一種「與過去訣別」的實踐。當進入修行階段之後，此人的人生會出現一百八十度的轉變，因而引起身旁親戚朋友們的誤解與迷惑的話語。

雖然他們的責難之言是出自於愛，這是一種在未知更高層次真理知識時，所表現出來的三次元的愛。當他們用世間常識阻擋了修行時，此時如何保持平靜之心，如何忍耐即是至關重要的問題了。

第四是對於魔的忍耐。修行者在到達覺悟境界的過程中，多會遭受到各種惡靈、惡魔的迷惑和攻擊。即便是釋迦，也曾遭受惡魔波旬的迷惑；耶穌也遭遇過惡魔別西卜的困惑。

修行者都希望能夠避免受到惡魔的妨礙，但如果在世間出現了許多覺悟之人的話，惡魔就會感到附身在世人身上變得很困難，自己為非作歹的活動領域也變得狹窄。因此，惡魔會以其自衛本能，想盡快遮掩住光明。

當遇到惡魔妨礙時，也需要以忍耐去克服。這從讓己心發出光亮的觀點來說，看上去或許很消極，雖然會想要與他們一刀兩斷，但這種不斷忍耐、克服重重難關的努力是很重要的。

要到達光明的境地，要獲得真正的覺悟，就必然會有遭受惡魔干擾之試練。對於修行者來說，此時的「忍耐」是一個非常重要的德目。

七、精進波羅蜜多

「精進波羅蜜多」，別名「努力之完成」，它闡明了「努力」之德目。

在「八正道」之一的「正精進」，曾提及關於「努力」的課題，雖然意思相同，但「精進波羅蜜多」則明確地提出了具體的實踐目標，可以說「精進波羅蜜多」重心較偏向於實踐的觀點。這即是說，修行並非只說不做，而是要設定自己的目標，並朝著這個目標「實踐」。

例如，在佈施、禪定以及說法等方面，給自己制定出一定的目標，並努力落實在每日的行動中，讓成果在他人的眼裡也能一目了然。此外，也可在學習方面制定目標，以確認自己有多少的學識積累。這些具體的努力，即稱之為「精進波羅蜜多」；釋迦的弟子們都修過此德目。

釋迦教團的特徵之一，即非常勤勉於學習，這也是與同時代的其它教團的不同之處。其它教團有很多皈依者的志向是要追求超能力，想做一些他人無法辦到的事情，以獲得世人的尊敬。與此相比，在釋迦教團當中，一方面有著與異次元世界、靈性世界進行交流的一面，同時，也要求修行者具備基礎常識，培養準確的判斷能力，無論身在任何立場都不會感到羞愧。因此，可以說釋迦教團對於持續學習佛法真理的意欲，是非常強烈的。

這種學習意欲，能夠提高基於佛法真理的常識，並培養出成熟的人格。

雖然常言道，「重學者可成大器」，然而學習不是在獲得特定知識後，才會出現效果。在立定目標不斷努力的過程中，就已經在構築偉大的人格。因此，無論學問的領域是什麼，都可以看出學習之人的人格會有所提升。

所以，不斷在佛法真理這種最重要的知識上精進學習的人，其人格會發出非常奪目的光彩，並成為出色的人才；這可以說是理所當然的結果。

這「努力」的德目，也是釋迦教義之核心內容，其本身是對「不做任何努力也可以獲得覺悟」、「只要祈禱就能獲得庇佑」等投機想法的沉重抨擊。「透過了不斷地努力，釋迦佛教提高了法的深度」，我認為這個觀點是不可忘記的。

八、禪定波羅蜜多

「禪定波羅蜜多」，別名「精神統一之完成」。

此德目雖然與八正道的「正定」重複，但也有不同之處。可以說「正定」是指正確的入定，它是把入定時的精神狀態、思考方式做為一種修行，用以深入反省。而「禪定波羅蜜多」則是指：把每天不斷地進行精神統一，做為一項實踐的課題。

在星期天等休假日回顧過去並非難事，然而要在忙碌的一天後，回顧自己的內心思緒和行為，則不是件易事了；這種每天實踐之持續是非常困難的。

所以說，能夠確實每天觀察己心的人，單憑此項實踐，就可說已達到非凡的高度。

我希望各位能夠每日反觀自己，回顧從出生時到今天以前的人生。偶爾反觀過往的人生，未必很困難，但要每日持續不斷地反躬自省，就不是一件容易的事了；這需要付出極大的努力。

因此，「禪定波羅蜜多」之最高狀態，不僅僅是在特定的時空、場所下入定，而是無時無刻都能進入禪定心境。換句話說，就是在平常的工作和生活中，在走路時、說話時、工作時，都有著禪定之姿；實際上這即是「禪定波羅蜜多」的完成之姿。

這也就是一天二十四小時，無論在任何時候都是處於禪定狀態，總之己心總是朝向天上界，隨時都能夠與高級諸靈進行對話；其實人們應該將此做為最高階段的修行目標。

在現代的禪宗中，有許多人在遠離了人群的禪寺等地實踐坐禪；在脫離日常生活的環境中去探究心的世界，這並不是件難事。然而在每日的工作之中，依然能夠保持禪定的狀態，這便是極為困難的事情了。

達到那最高境界的禪定狀態時，心是平靜的。此時，無論聽到了別人對自己說了什麼話語，內心仍如一面清澈的湖面，不會引起波紋。

以如此理想的狀態，內心如同處於天上界一般，但身體卻處於三次元世界。換言之，從心的狀態上無法區分出此人是在世間還是在靈界，能夠過著「三次元即實在界」、「三次元即菩薩界」、「三次元即如來界」的生活的人，即稱為「禪定波羅蜜多」之完成者。

九、般若波羅蜜多

六波羅蜜多最後的德目是「般若波羅蜜多」。

「般若」一詞因《般若心經》等而著名，其意指「智慧」。它不單純是指知識性的智慧，而是指由內心深處湧現出的睿智。

這也被稱為「般若智慧」。智慧由內心深處不斷湧現的狀態，即為真知者的樣子。當達到了能夠獲得般若智慧的階段時，即能夠將世間的學問和經驗，如篩砂淘金一樣，篩選出光彩奪目的金砂。

要使人格達到完成，要把自己締造成某種程度的人物、偉人，的確是需要許多的讀書學習和親身體驗；如此獲得的知識和體驗，會像珍珠一樣耀眼。

可是，當「般若智慧」出現時，這種知識和體驗卻會頓然失色。般若智慧之所以如此偉大，正是因為若不打開心靈之扉，就絕不可能達到般若智慧的階段。

以實踐「八正道」為中心，不斷端正己心，隨之，心靈之扉便會敞開，便會聆聽到自己守護靈、指導靈的聲音，能夠與之交流。在靈界的守護靈、指導靈具有遠遠凌駕於世人之上的智慧。因為，在實在世界的諸靈，擁有著前世的體驗和學習經驗。

而對生活在世間的人來說，前世的體驗和學習，只能在表面意識中剩下一成左右，其餘的九成左右都潛意識化了。在靈界則是相反，前世的知識九成被表面意識化，過去在世間的生活意識，反而多會潛意識化。

因此，僅從這個比率上來看，靈人就比世人多大約九倍的智慧；這即是靈人的本質。即便是相同的靈格，但和轉生於世間之人的智慧相比較，靈人的智慧還是會高出九倍左右；更何況在靈界中有許多高於自己靈格的靈人。在同一時代中難以遇見的最高智者，在實相的世界中多如繁星。

在現代，有許多被人們公認頭腦聰明的人，但即使是如何優秀的大學教授、博士等學者，其中有勝過蘇格拉底的人嗎？有能夠凌駕於孔子之上的思想家嗎？

可是，這樣的人在靈界中大有人在。其中不僅曾有史上留名的人，還有許多為過去的文明創造，做出了諸多貢獻的高級靈。在這些難以數計的靈人集中起來指導世間時，相較之下，世間的知識和努力是極為渺小的。

諸高級靈賜予了我們各種靈示，這些靈示中的智慧，具有世人用三次元知識無法達到的質和量。接受這些靈示，也可以說是「般若波羅蜜多」的實踐。

各位須知，要達到人之最高智慧階段，不知要忍受多少磨難、付出多少努力。知曉了佛法真理，意味著已進入自由自在的境地，成為「大力量人」。

十、六波羅蜜多的現代解釋

以上即是六波羅蜜多的六個德目。

最後，我試著歸納在現代當中，如何運用釋迦的六波羅蜜多的思想。「六波羅蜜多」與「八正道」有許多重疊的部分，但我想從不同的角度來探討。

對於「佈施波羅蜜多」，我想從「愛的實踐」方面來加以說明。對此可用現代的「施愛」來比喻，以「施愛的實踐」去理解。

至於若想要讓「持戒波羅蜜多」之精神在當代復甦，就有可能形成一種禁欲主義的復權。然而，在單純平淡的生活中追求知性、精神性的禁欲主義中，是可以運用「持戒波羅蜜多」的修行方式的。

對於一個滿懷崇高的目標、精進於佛道的人來說，多餘的矯飾是沒有意義的。專心自己所關心的事，對於自己的本業全心投入，對於其他事物不多費神，也許可以將這種生活方式解釋成現代禁欲主義。

「羼提波羅蜜多」是「等待時間、時機」的實踐，在積蓄自身力量的同時，還需要等待時機的成熟。在煩惱的時候，己心不要左顧右盼，應該像是在瓶中一滴一滴地蓄水一樣，累積自己內心的力量，等待時機的到來。

「精進波羅蜜多」即是指不斷地努力；於今天，可把它看做是在探究和學習佛法真理上追求精進。

關於「禪定波羅蜜多」，可視為「八正道之復活」，我今後還將從各角度對「八正道」做深入淺出的論述。在日常生活中，騰出可以內省和沈默的時間，以回顧己心，進行反省，這是很重要的；這是幸福科學所述說的四正道中「反省」的完成。

最後的「般若波羅蜜多」，指智慧之完成，這相當於「四正道」中的「知」的部分。我日後也將持續匯集靈性智慧，將實在界的睿智，以佛法真理的書籍的方式開示於世。

此外，或許已經有人打開心靈之窗，能夠聽到自己守護靈的聲音。做為己心塵埃已去除掉的證明，此人能接受到來自守護靈的靈感。

為了避免讓如此打開心靈之窗的人誤入歧途，有著上述「施愛」、「禁欲的生活方式」、「忍耐」、「持續的學習」和「騰出內省的時間」等五個實踐項目，這對打開心靈之窗的人來說，有著重要的效果。

以上即是「六波羅蜜多」的現代意義。

第四章

「空」的思想

一、何謂人？

本章將論述佛教的「空」的思想。

要理解「空」的思想，首先就必須認識佛教的人生觀、生死觀和世界觀，否則就難以論述「空」的思想。

在「何謂人」的問題上，釋迦賦予了革命性的定義。

在釋迦時代的印度，普遍相信人是背負著宿業的存在，出生時其貴賤已定；換言之，人自出生時，命運已經決定。

但釋迦教導人們，人在業的法則下，雖然有無法逃避的命運，但也有克服命運的方法，那即是為了獲得覺悟的修行。

對當時的人們來說，如此說法無疑是一種福音。雖然當時印度有很多人認為，佛陀所闡揚的教義嚴肅、苛刻，並否定世間，但佛教的這種革新理論，對人們來說是一個福音。

當時的印度，是一個非常嚴格的種姓制度的社會，其中有稱為「婆羅門」的僧侶階級、「剎帝利」的武士階級、「吠舍」的商人階段，以及「首陀羅」的奴隸階級。除此之外，更有連「首陀羅」也不如的低層階級。

比首陀羅的地位更低的是「旃陀羅」，他們不被當人看待，被視同家畜，甚至連家畜都不如。當時家畜反而被當作貴重的動物，而這些「不可觸賤民」卻輕如草芥。這些人處於無法發揮自力的狀態，出生在這樣的階級，就意味著此人一生不能翻身。而另一方面，若出生在婆羅門階級的家庭裡，即使才能平庸，也能被封為祭司階級。

釋迦對於這種種姓制度持有非常強烈的疑問。

「司長大宇宙睿智的佛，何以會放任這種事發生！為了打破如此種姓制度的社會，要如何做才好呢？」釋迦在教團當中，宣揚透過努力來追求覺悟，以打破種姓制度的藩籬，他試圖創造嶄新價值觀、嶄新的價值世界。

在釋迦教團中，只要是修行者，不論其出身如何，都可以獲得新的地位，都可以有自己的人生價值、人生目標；釋迦以此為理想。

此與「幸福科學」為創造出「真理價值」而付出努力是一樣的。「幸福科學」正創造著一種價值體系，讓學習和覺悟佛法真理具有的價值體現出來。

釋迦的想法與此相同，在當時固定的種姓社會中，釋迦創造出嶄新的真理價值，促進了價值觀的轉換，使一直被隔離於幸福彼岸的人們，得到了拯救。

釋迦為當時的人們帶來了巨大的福音，他讓人們相信透過自助努力和修行，人生的道路是可以開闢出來的。並且他還教導人們，為了能成就那福音，「首先需要發心，即發出求悟心、菩提心，之後還需要一定的修行」。

二、生與死的意義

接下來探討佛教中「生與死」的意義，以及生死觀。

當時的印度，戰亂此起彼伏，是一個終日恐慌的時代，人的性命不能自保。就連養育了釋迦的迦毗羅衛城，也難逃滅亡的命運。即使佛陀的靈格是九次元大靈，但是也無力捍衛自己的國家和同胞；這也說明了，世間是無常的世界。

當時求生即意味著必須贏得戰爭，要想生存下去，就必須以他人的犧牲為代價。只有消滅敵人保全自己的勝利者，才得以生存；但對於那些軟弱無力的和平主義者來說，這無疑意味著死亡的降臨。

在這樣的世道背景下，對生的渺茫感，以及對死後世界之嚮往的一股風潮，在社會上漸漸蔓延開來；愈來愈多的人，對「生」持否定的態度而有厭倦的傾向。實際上，在當時追求佛道的人當中，有很多人不是想在此世成佛，而是祈求在來世能夠幸福。「今世痛苦連綿，但願來世回到幸福的世界。」

釋迦的思想中，包含著相當程度有關來世福音的教義。在那種生即伴隨著醜陋、骯髒的悲慘時代，一種嚮往來世的信仰，的確成了必要之仰賴。

不過這屬於一種方便方法；讓人們嚮往死後的世界，或許只具有如麻醉劑般的暫時作用，但這也讓世人暫時擺脫無法自拔的煩惱和痛苦。

三、輪迴轉生

輪迴轉生，是探討生與死之意義時最重要的觀點。

無論是基督教、伊斯蘭教、猶太教，或是儒教、道教，都沒有像佛教這樣如此明確地闡述了輪迴轉生的思想；這是佛教最重要的特徵之一。（注）

在世間明確地講述輪迴轉生的思想，即是佛教至今具有巨大力量的原因之一，也意味著佛教是真實的教義。

各位可以想像一下，要在世間對眾人傳佈這超乎想像的輪迴轉生的思想，是需要多大的勇氣啊！

佛教思想傳播至今甚為久遠，輪迴轉生的思想也已廣為流傳，所以人們並不會感到有何特別。但是，當這種思想尚未在現實中得到理解時，要明確地宣揚主張「人有過去世和未來世」，是一件多麼困難的事啊！

對許多人來說，很難接受既看不見也聽不到，並且無法親自確認的世界。

因此，在當時的印度，輪迴轉生被視為一種近乎信仰的思想，而被眾生所接受。「釋尊的說法是可以相信的」，這是一般民眾的反應，但能真正相信輪迴轉生的人並不多。「釋尊如此肯定這種思想，那就不會錯」，後來人們就開始漸漸相信。

當時並非只有佛教講轉生的思想，在印度的民俗信仰中也有轉生之說。但雖說是轉生，但多半是說人來世會變成蜥蜴、鴿子等毫不相干的動物。

這種人會轉生為各種動物的思想，雖然在對愛護動物、生物的觀點上具有一定的意義，但若從法則的觀點上來看，或許這種思想就有些牽強了。

不過，釋迦非常善於舉例，他不僅以人為例子，還曾經以鹿、鴿子等各種動物為例，來講述過去世；這可以視為一種方便的說法。

事實上，人的靈魂早在幾億年前，即與其它生物有了明確的區別，可以說人的靈魂幾乎不會轉生為動物，人永遠做為人來進行輪迴轉生。

為了修行，一時的宿於動物肉體是可能的，但那也是宿於與人類極為接近的高等動物，並且也只是在短暫的一、二年時間。其目的是為了讓人體會，做為人轉生之難能可貴。

因此，在狗或貓等高等動物中，有一部分俱有過去曾做為人的記憶。他們即使轉生為動物，也還具有過去自己曾為人的感知，所以「生」對他們來說是很悲慘的。但是，經歷了這個過程之後，就會體悟到，能夠做人是多麼尊貴的。

然而，誠如前面所言，人會轉生為動物，是例外中的例外；一般來說，人的靈魂僅會輪迴轉生為人。

輪迴轉生是極具革命性的思想，人之所以會產生許多的煩惱和痛苦，都是因為認為生命僅限於今世。當人們認識到「自己是存在於過去世，今世與來世之大河中」時，就意味著人可以憑自己的力量去決定自己的未來。

這即是說，想在來世、未來世獲得幸福的人，就應該在現在播下幸福的種子，透過自力的修行方法，可以確保自己未來的美好前景。

換言之，輪迴轉生的思想，是一種對現在所做出的努力之保證。用現代的話語來說，這就像在銀行儲蓄，保證在幾年後可以收到利息一樣。在輪迴轉生的思想中，含有對未來的保證；從這個觀點出發，輪迴轉生的思想具有善導眾人的力量。

注：當然，也有一種說法，認為佛教沒有積極地倡導輪迴轉生，而是因為受到了印度民俗信仰的影響，只是消極的接受罷了。另外，還有部分言論斷定，釋迦的「無我說」，只是唯物論的「無靈魂說」，或質疑轉生沒有主體，輪迴轉生的理論是不成立的。甚至以為靈魂根本不存在，唯有業，如燭火一般的轉移。

然而，釋迦大悟得「三明」而成為阿羅漢卻是歷史的事實。所謂「三明」是指能看通過去世（宿命明）、能看透未來的眾生的生與死（天眼明），和能依據佛教的真理消除煩惱（漏盡明）的靈能力；這是釋迦很重要的覺悟。若沒有輪迴轉生，也就沒有所謂的「看透過去世」和「看透未來世」。釋迦在說法當中，大量運用了「過去世」和「來世成佛」的故事。「覺悟」能使自己具有「觀自在力」，這是一種很自然的想法。由於釋迦具有看透過去世和未來世的觀自在力，所以佛教的輪迴思想超脫民俗信仰，而成為了一明確的真理。

這對於與釋迦具有同樣靈能力的我而言，是自明之理。對於那些在釋迦入滅後的佛學者，其幼稚、世俗性的解釋，只能感到愕然不已。

四、實在界的發現

以上講解了佛教的人生觀、生死觀和輪迴轉生觀。

接下來講述釋迦是如何看待、認識靈魂實在界的。

釋迦教團當中，釋迦都遂行什麼樣的工作呢？當教團規模達數千人之後，釋迦每週舉行一次大型說法會，除此以外的日子，只和一些高僧弟子談話，以專注於自己瞑想的時間。他也時常在野外禪定，靈魂脫離肉體，心遊實在界。

釋迦對於實在界具有相當高度的認識，他覺悟到了九次元宇宙界的本質，並且掌握到九次元世界並非僅由地球構成，它還擴展到了地球以外的行星。在其他行星中，也有許多出色的靈人進行著修行。

此外，當釋迦獲得了「宇宙即我」之自我擴大的體驗時，他感受到地球成了渺小的一點，成為了自己的細胞之一，掌握到了宇宙的感覺。

如此內容很難向當時的弟子們進行講解，所以佛陀僅在說法中加入了各種的比喻。可以說當時的人們在心靈的學習上，尚未達到能夠聆聽宇宙構造的程度。

我現在解明了實在界之姿。距今兩千五百年前印度的社會，雖然有其限制，但釋迦對於實在界已有所領悟。

若說釋迦有何未盡之處的話，即他生活在世間時的世界觀，在相當程度上是以印度為中心。即便在幽體脫離肉體前往實在界時，遇見的靈人主要也是以印度為靈域。可以說，他很難見到不同靈域的人們。

此外，在實在界中有著各種各樣形態的人們，釋迦是以一種很珍稀的眼光來看待，然而對於他們是從哪裡來的，是過著什麼樣的生活，並未深入地追究。

但是，釋迦藉由幽體脫離而實際體驗實在界的經驗，讓他在講述生與死的意義、人生的目的、輪迴轉生時，出現巨大的力量。藉由發現實在世界，使他的思想更為提升，並獲得了真實的感受。

我在創立「幸福科學」初期，出版了各種靈言、靈示集，可以說類似於釋迦的經驗。

透過這樣大量的書籍問世，使世人對實在界和高級靈世界的存在，有了現實感受。總之，宗教是將靈魂實在界科學化，若無靈魂實在界之基礎背景，就只能成為單純的哲學了。哲學與宗教之不同，就在於涉及實在界的程度如何，並且在現實上對實在界做了何種程度的科學性解釋；如此說並不為過。

五、重新探究物質界

當認知了實在界的樣貌之後，回頭看三次元物質界，也就是地上界時，又會有怎樣的感想呢？

若是用海外旅行的經驗，或許可以讓各位容易理解。初次到海外旅行，接觸到異國風情的人，一個月或一年後再返國看到自己的家園，會感到非常不可思議。譬如，人口密度之高、車輛之多、道路之狹窄等等。

同樣，認知了實在世界之後，再看地上界、物質界的人，會感到很滑稽，原因之一即在於價值觀的不同。

從高處看世間，人們忙忙碌碌的樣子，就好似螞蟻在搬運砂糖一樣。對螞蟻來說，往蟻穴搬運食糧的行為，具有至高無上的價值。就像對於看到如此情景的人，會感到空虛一樣，在認識實在界的人的眼中，物質界看起來是非常空虛的。

這是最初的感受，隨之便會去思考如此空虛的物質界，其存在的理由究竟何在，進而更會發現這個物質界，其實提供了人們許多修行的材料。

再進一步，人們將瞭解到：肉體、物質並非是與靈魂相對立的關係，肉體、物質與靈魂，都是由相同的素材構成，只是體現方式有所不同而已。靈魂是由佛光所構成，物質界也同樣是由佛光所構成。

這好比是水蒸氣冷卻時變成水，再繼續冷卻水就成冰一樣，看起來水和冰好像是不同的東西。「我是靈、我是實在界」、「我是肉體、我是物質界」的說法，就等同「水就是水」、「冰就是冰」的說法。然而，兩者本來就是相同的，只不過外觀是不同的。

因此，雖然一開始會感覺水和冰是不同的，但若是深入地觀察就會發現，那本來是相同的，只不過是呈現方式不同。

至此，人在看待三次元世界時，便會從消極走向積極，產生一百八十度的轉變。人們能夠在三次元世界中，感受到佛所創造的偉大計劃。

六、佛教當中「空」的思想

上一節的內容，其實與佛教的「空」的思想相關聯。

《般若心經》的「色即是空、空即是色」廣為人知。「色與空無異、空與色無異」這句話在佛教中，有著極為重要的意義。當人們對此話的涵義有所理解時，便能對佛教有更進一步的認識。

「色即是空」所表現出的「空」的思想，應該分成兩階段來理解。

首先，「色即是空」解釋了應如何看待兩分化的「世間」和「靈界」；「色」在此是指三次元世界。

所謂「色即是空」，是指三次元世界並非是真實的世界，而是虛幻的世界，而靈界才是實相世界，三次元世界的物質終將會消失。無論是貴婦還是國王，其肉體終將會衰老，其靈魂最終要離開世間，返回實在世界。

因此，「色」，換言之這眼所可見的形體是虛幻的，終究會消失，進入真實的世界；而如此實相世界，因為眼所不能見，故稱為「空」。

另一方面，「空即是色」，即是指實相世界的靈魂，為了修行的目的而無數次轉生到三次元世界，過著持有肉體的生活。如此由一個眼所不見的世界，轉生到一個眼所可見的世界，稱之為「空即是色」。

就像這樣，「空」的思想在第一階段上，是在說明世間與靈界的不同，以及世間與靈界之間輪迴轉生的事實。

然而，尚須探討當中更深層的意義，那即是「是什麼構成這世間和靈界的呢？其本質是什麼呢」？

有「唯神實相哲學」一詞，也可以稱之為「唯光實相哲學」。

「雖然有三次元、四次元、五次元等世界存在，但並非真的有這些千姿百態的世界，唯一存在的唯有光。此光創造了實相，唯有光才是實相。光的變化，顯現出了許許多多的景象。在靈界中的佛光，透過各種形式創造著各種靈體，並在靈體中創造了光子體。

當靈體在地上世間顯現時，靈體中的光子體，便創造出名為靈子的核心；而現代物理學中所稱的基本粒子，即以靈子為基礎誕生出來。進而，基本粒子構成了大型的物質。」

如此世界觀與最尖端的現代物理學一致；最尖端的物理學稱「基本粒子既是粒子也是波動」。基本粒子除了具有粒子的性質，還具備了波的性質。從上述的世界觀來看，基本粒子兼具的粒子和波的性質是理所當然的。

佛光之靈性能量創造了物質，當物質分解後，靈性能量便還原。如此，這種「能量和物質之循環」的思想，也許可說是「空」的思想。

從此觀點可以解釋「色即是空、空即是色」。空的思想，將會發展到現代的科學研究當中。

七、「空」為何重要？

「空」的思想為何重要？佛教為何提出了「空」的思想呢？為何要講述眼所不見的世界呢？為何眼所不見的存在會出現？又出現於眼前的存在為何會消失呢？這一節要探討如此內容。

後代的禪宗其創立的源流，其實就存在於這領域當中。禪藉由奇妙的「禪問答」，使對方覺悟到佛性和實相世界。「藉由完全不同的內涵，使其如照鏡子一般，映照出現在自己的立場或想法，從而達到覺悟的目的。」禪就是使用如此方法。

在這層意義上，可以說「空」的思想構成了禪的源流。然而，禪的思想本身，略有偏離了釋迦思想的一面。

正是因為人將眼可所見的世界視為實在，所以才會起了執著之心。人看到肉體因而對肉體執著，看到異性因而對異性執著，看到食物因而對食物執著；但是在這些執著當中，心是絕對無法安詳的。

心的安詳，是在放下執著之時才能顯現出來的。釋迦深知，唯有無執著的境地，幸福感才會湧現。

因此，釋迦做為第一階段的否定，講述了「色即是空」。「諸比丘、比丘尼啊！

你們視物誤以為真，其實你們的肉體、山川草木等形形色色的物質皆是『空』，皆是虛幻。」可想而知，當時佛弟子為此感到多麼的震驚。

用電子顯微鏡觀察過物質的人，便會明白這是事實。把一種固體物質放大後來看，就會發現那是以無數微小粒子聚集而成，裡面充滿了空隙。物質在肉眼當中看起來像是實際存在，但那只不過是眼睛的錯覺而已。

如此，釋迦為了解放人被地上物質束縛的心，使其覺悟到真實的價值世界，講述了「空」。這第一階段的否定，與禪的根本相通。但僅講述「色即是空」還不夠充分，隨之還必須講述「空即是色」。釋迦對此做了如下說明。

「世間萬物，實際上是由佛念所創造而成的。佛念既看不到，也摸不著。然而，當佛念形成話語之際，其意念就會具體顯現。

存在於地球上的各類動植物，也是由於佛念而出現。有了那佛念，以及為了傳達如此意念的諸高級靈的活動，這個世界才得以存在。」

我們由此處可以很明顯地看出，釋迦思想中明顯地有著不偏不倚、維持平衡的特徵。

總括來說，「空」的思想，其一是一種放下執著的修行方法；其二是說明世界以及人生是如何成立的教義，也揭開了天地創造的秘密。由於有這兩種涵義，「空」被視為佛教重要的思想。

八、諸行無常的意義

本節再從另一方面解釋「空」的意涵。

佛教中有「諸行無常」一詞，在這一觀念上似乎略有些悲觀的色調，容易讓人為擁有的一切終將消失、沒落而陷入絕望的感覺。

但各位必須知道，在釋迦講述的諸行無常思想中，含有知曉實相世界者所具備的不動搖之觀點。所謂諸行無常，並非僅是在指世間上的一切變化無常，而是需要以實在世界的角度，來觀察世間人們不斷變化的榮枯盛衰。

在不斷的變化當中，存在著永恆之不變，人唯有把握住這個不變的本質，才能掌握住世界存在的真正意義。諸行終將隨著無常之河，飄流消失，但在有如河水流逝的人類歷史中，唯有掌握到那不動搖的觀點之人，才會知道世間流動的虛幻。

這即是說，諸行無常並非是在表達厭世的想法，而是在講述那以實相世界為立足點之人，眼中所映照出來的社會之姿。

這對於現代來說也相同；當以認識了佛法真理世界的眼睛，再去觀察商業社會，便能看出其中的虛幻。知道佛法真理之後，在閱讀各種文學讀物時，便會感到這些內容好似不毛之地。在佛法真理的大海之前，世間的一切，終將化為泡沫而消逝。

因此，對於靈魂有價值的東西、靈魂的食糧，充滿「貪欲」予以吸收、持續學習是非常重要的。如果缺少如此價值觀，便無法真正理解在世間擁有生命的意義是什麼。

在結論上，不要把諸行無常誤解為消極的厭世思想。其真實意義意味著，當能夠以實在界的眼光觀察世間時，以往自認為有價值、栩栩如生的事物，將會頓然失色。

換言之，從實在界的觀點來看，世間無休止的競爭、迷戀色相等，是多麼滑稽可笑的。

然而，各位須知，理解了諸行無常，也只是走上了覺悟的第一層階梯罷了。

九、「空」與「無」

「無」的思想與「空」的思想極為相似，「無」的思想本身十分廣大，僅探究「無」一字的思想，就可以寫成一本書，但在本節中僅對何謂「無」進行簡單的說明。

「空」和「無」在字意上有相似之處，但也可理解為有不同的涵義。

正如上述，「空」並非意味著什麼都沒有，它意味著某種存在變化的狀態，指佛的能量的變化之姿。有形變無形，無形變有形，這個過程即稱之為「空」。

因此，「空」是一種循環之法，呈現了「生成、發展、衰退、枯死（消滅）」的宇宙運動法則。

相對於此，「無」並非在表現宇宙的運動法則；「無」是否定，意味著「沒有」。

從這個觀點上，可以看出「空」與「無」，實際上是在分別暗示著「時間」與「存在」。

理解「空」的關鍵在於「時間」，「空」表達出了時間的本質。

在時間的概念中有「變遷」之意，在沒有變遷的空間中不存在時間，那僅是一種靜止、停滯的狀態。藉由萬物發生變動、流轉，時間才會產生。

「空」的思想其實就是時間論，時間即意味著「生成、發展、衰退、枯死（消滅）」之循環過程。

另一方面，「無」的思想則是存在論，我們可以將它視為對比於時間的「存在」。

何謂存在論的「無」呢？這種思想何以成立呢？

從結論上來講，「無」與「如何看待創造了宇宙之意志」相關。

人們容易將「存在」視為固定、固體、不會變化的東西。這個觀點究竟正確嗎？以下好似禪的問答，代表了「無」的思想。

「你居住的房屋真的存在嗎？地球真有存在嗎？自己真的存在嗎？大地、石頭和動物等真的存在嗎？」

簡而言之，對「當時間靜止時，萬物是否還能存在」的思考，就是「無」的思想。時間在「空」的思想中是流動的，而在「無」的思想中則是靜止的。「無」即是在問：「當時間停止於一點上時，世界還存在嗎？大宇宙還存在嗎？」

如此來看，人們眼前所看到的世界，實際上來自於根源佛的意念，或者說是其意念的反射、投影。

換言之，雖說有九次元世界、八次元世界、七次元世界、六次元世界、五次元世界、四次元世界、三次元世界，其實只不過是佛的意志，在各次元的「屏幕」上的投影而已。各位須知，這些世界不過是投射在屏幕上的景色和人物而已。

在這個屏幕上，有如來、菩薩、六次元光明界居民的身影，也有地獄的場景。但這些畢竟都只是屏幕上的影像，當關閉了投影機時，這些世界就會忽然消失；這就是宇宙之創造的真相。

即「所謂存在，是若隱若現的，是依據佛念、佛的意志所投影出來的」；這種觀點即是「無」的思想。

看起來「空」與「無」好像是相似的思想，但在其背後包含著時間論和空間論。

從時間論來思考的是「空」的思想，從存在論或空間論來思考的則是「無」的思想，各位可以將「空」與「無」視為以時間和空間、時間和存在為立足點的世界觀。

十、「空」之理論的新展開

若從現代的角度重觀這「空」的理論，它最終必會成為與最尖端的物理學相融合的思想。

現今物理學，在「基本粒子理論」和「大宇宙構造論」之兩個課題上，似乎碰壁，沒有進展，但在物理學的前方，存在的是神祕的靈性世界，若不能理解實在世界的作用和構造，也許今後的物理學將無法取得進展。

因此，若用現代語新釋「空」的思想的話，那就是對做為基本粒子之根源的佛光進行分析的理論，或是「相對論」背景中的「靈界科學」。

相對論中有一個前提，即「當達到一定的光速時，時間和空間就會出現扭曲」的理論，愛因斯坦的思考立足點就在於此。

牛頓的物理學，是在時間和空間於一定的狀態下，對其法則的論述。而愛因斯坦發現了「以一定的光速為軸心，時間和空間會產生扭曲，即時間可以伸縮，空間可變形」的理論。

但是，愛因斯坦的這個理論不久將會被推翻。人們終將發現「光速並非一定不變，也不能做為最標準的尺度」。因為，尚有超越「光速」的「靈速」，也就是靈的速度的存在。

靈速超越了光速，因此，在靈的世界中可以看到未來。如果比光速還快，也就是說在太陽發光之前，就可以知道太陽要發光，即可以看到未來。靈界的運行速度超越了光速。

在本章的最後，我預言「靈速」在未來將成為新物理學之觀點。

第五章

緣起之法

一、緣的思想

本章將針對釋迦教義的特徵之一「緣起之法」進行論述，這也是闡明釋迦思想的關鍵之一。

對於「緣起」，首先說明何謂「緣」。

長久以來，在佛教思想中，「緣」是最膾炙人口的話語，人們常會將「有緣」、「重視緣分」等話語掛在嘴邊。至今，這種「緣」的思想，在佛教國家可說是源遠流長。

「緣」是「世間中無偶然」的思想表現，可以說在其詞意深處有著愛的思想。「緣」即是指「人與人之間，有一條看不見的緣分之線連結著。在看似偶然的相遇中，其實是那緣分之線緊緊聯繫著」。

聽起來或許非常有宿命論的論調，但是「緣」的思想，肯定了自己不是與他人全然地分開，人與人之間有佛線、佛緣之線相連結，從這層意義上來說是正確的。

靈界有五百億以上的人口，其中一部分人轉生在特定的時代和地區。他們在各個地方或國家創造了文明、文化，建立了人際網絡。從這層意義上來看，可以說能夠在同時代、同地區生活的人，都是來自某個靈魂集團。在實際上，這些人大多在過去世裡就有著某種緣份。

此外，一個人在今世能夠遇見很多人，其中有幾個是成為要好的朋友，或是成為夫妻，或是成為師徒，這並非只是單純的偶然在此世，而是在彼此過去的幾次轉生過程中，就曾有親子、兄弟、朋友等關係，這個緣份在此世再度出現。

當然，在今世也可結下新緣，這也應該說是在佛的引導下所建立的佛緣；這些緣份又會以各種形式展開。

實際上，人生的成功和失敗都與這個緣有關聯。一切人際關係都是由「緣的連鎖」構成，在形形色色的人際關係中，去決定事業以及個人的成敗。

如此，「緣」是佛教中的人際關係學，也是從另一個角度對愛的思想之探究。

二、因果法則

接下來說明什麼是「因果法則」，這是具有濃厚佛教色彩的教義。

佛教中有著「今世夫妻，是過去世之緣」的說法，如果將如此想法進一步分析的話，即是「有了某種原因行為，進而產生某種結果。播善因，結善果。播惡因，結惡果」。

這也是人生最基本的法則之一；佛教之所以做為哲學而成功的原因，正是因為對因果的理法進行了深入的洞察。為何說今世的親子、兄弟、夫婦之緣是來自於過去世？這種說法的根據何在？因為，彼此在過去世做親子、兄弟、和夫婦時曾有「幸福的感覺」，所以於今世以再結成親子、兄弟和夫婦之緣表現出來。

可以說人在每天的生活中，都在播因果之種。每天播下的種子，從萌芽到成長，最後可以看到結果。因此，因果的理法是佛教中的成功哲學，亦是幸福哲學。儘管人們容易認為佛教只注重人生的痛苦和煩惱，然而事實並非如此。正如許多偉大的哲學家那樣，釋迦也講述了幸福哲學。若問佛教的幸福哲學主要表現在哪裡，便可以說它總括於「因果的理法」中。

換言之，要想獲得幸福的結果，就應該播下能夠結出幸福果實的種子，並且需要澆水、施肥，讓它接受陽光的照射；這是成功哲學的一個法則。

這個法則適用於任何事物上。只要盡心努力，這努力必會透過某種形式得到回報。雖然也不乏拼命用功後，卻沒有考上大學等功敗垂成的例子。然而只要付出了努力，這個努力必然會對此人的將來帶來影響。此外，有一句話叫做「好事不出門，壞事傳千里」，這是說，只要做了惡事，有一天必會敗露，進而身敗名裂。

如果以一個法則或物力論（dynamism）來解釋人生的話，就可以說「人生是由一連串的原因、結果所構成的」。雖說播下的種子，未必就能在今世結果，但至少要認識到，如果不種下牽牛花的種子，就不會開出牽牛花。

因此，釋迦曾這麼說：

「人不要總為不幸的結果嘆息，應該朝向未來播下幸福的種子。想要獲得幸福，就需要努力精進。為此，難道不應該向人佈施嗎？難道不應該教化和引導他人嗎？其功德，必會給此人帶來幸福的結果。即使今世沒有結出果實，但是在回到天上後，必定會有所收穫；這是一種『蓄寶於天倉』的思想。」

我們在此可以察覺到，因果的理法是在流動的時間中的一種幸福論。

三、何謂業？

進一步深入探究因果的理法，便會觸及到「業」的思想。常說「人皆有著業」，「業」有時也稱為「宿業」。

常言道「人是平等的」，但看不同人時，就會發現彼此的境遇，無論是於外還是內在，都有很大的差異。若問這種差異從何而來，結論即人是存在於永遠的輪迴轉生之中，在過去累積的言行、思想，會對今世造成影響。

若從法則性的觀點來看，「業」既有正面，也有負面。但人們似乎對於「業」，多是持否定性的理解。在佛教的世界中，長久以來把今世不幸的原因，解釋為前世造的業之結果。

譬如，「今世被人所傷，是由於自己在過去世曾傷害過別人」、「今世眼睛看不見，是由於在過去自己傷過別人的眼睛」、「今世行動不方便，是由於自己在過去世傷害過別人的腳」，「今世受人凌辱，是由於自己在過去世凌辱過他人」、「今世受人咒罵，是由於在過去世自己咒罵過別人」等。

於是，就容易產生這樣的想法：「依循因果報應的法則，過去累積的宿業，在此世顯現了」、「人生中的許多不幸，是因為承受著許多人『不讓他成功』、『想讓他失敗』等負面詛咒之念，最終釀成了不幸的結果」。

透過回溯前世，去觀看過去世，的確在某種程度上，可以說在一定機率上有這種報應。假設將人生當做是一本習題集來思索的話，其中最具難度的問題，通常都不是起因於今世，而是起因於過去世的原因行為。

然而，不能單純地用「信賞必罰」的觀點，來理解「業」的思想。

在過去世曾經殺過人的人，的確，在今世有可能會處於被人殺害的立場；但那未必僅是一種懲罰。人在轉生之際，自己能夠選擇自己的生涯，有些事必須透過親身的體驗才能覺醒，所以有時候自己會刻意挑選嚴酷的環境轉生。

如此，在一個人的人生計劃中，並非是一帆風順的，當中必定會有讓靈魂得到最高成長所必須經歷的過程。每個人的人生計劃，都是得到當事人的承諾後才開始進行的。

「業」會遺留在靈魂記憶中，所以我想要以「靈魂傾向性」的這種概念重新理解「業」。每個人的靈魂皆具有靈魂傾向性，當某種特定的狀況出現時，總會採取某種相似的行動模式，有時自己會走入陷阱當中。以靈魂傾向性的觀點來理解業，比較適合於現代。

當把「業」理解為靈魂傾向時，便有可能出現在以下的問題：「自己的靈魂中最大的特徵是什麼？這個特徵在轉生於世間時，會讓自己碰到什麼樣的困難？常會出現什麼狀況？」對這些問題的回答因人而異。

希望各位能以「靈魂傾向性」來理解「業」的問題，並發掘出自己的靈魂傾向性，思索應該要做何調整。

四、關於命運論

以上論及了「緣起的理法」和「業」的問題。或許有人會隨之提出疑問：「那麼又應該如何去看待所謂的命運論呢？」因此，我想在本節探討有關「命運」的問題。

首先來談談「業與命運是否相同」的觀點；對此，可以將「業」視為「命運」的形成要素之一來認識。譬如，汽車中有的速度快，有的速度慢；有的省油，有的耗油；有剎車功能靈，也有剎車功能不靈；有的迴轉半徑小，有的迴轉半徑大；有的馬力大，有的不能載很多貨等等，不同的車有各自不同的性能和特點，各有千秋。

所謂靈魂傾向性，就好比是汽車的性能和特徵。若是要駕駛汽車開始走人生的旅程，那麼就必須有適合這部汽車特徵的駕駛方式。

若將命運看作是「人生之路」時，那麼「業」的思想，就可看作是行駛在命運之路上的汽車之性能和特徵，或看作是漂流在命運之河上的船之性能和特徵。在某種特定的環境下，順其性能和特徵來駕駛的話，就可以在某種程度上推測出會有怎樣的結果。

譬如，在擲出保齡球時，人們可以推算出如果朝這個方向，使出多大的力道，就能打倒多少球瓶；對人生也可以進行這樣的預測。

針對究竟有無命運的問題，雖然每個人的情況不同，在內容和程度上也會出現差異，但可以說命運是由幾因素所構成。

第一因素是「業」，即「靈魂傾向性」。第二個因素是雙親、兄弟姊妹等家庭環境。第三個因素是時代和社會背景。第四個因素是個人自身的努力。第五個因素是他人的協助。雖說這五個因素構成了命運，但可以說在第四「個人的努力」和第五「他人的協助」的因素上，留下了變數的空間。

從第一個因素至第三個，是靈魂傾向性、家庭環境和時代背景；這是在轉生時已定之事，故難以改變。因此，可以說部分的命運已經註定了。所以，若想要讓人生有進步，就要看如何掌握「個人的努力」和「他人的協助」這兩個要素。

歸納起來，大家應該要認識到，所謂命運，是由生下來時已註定的條件，加上後天的條件，相互關聯決定的。

五、自由意志的本質

上一節談論到了命運，接下來要論述的是人的「自由意志」。

要問人是否具有「自由意識」，答案是肯定的。然而，雖然有自由意志，但它卻在某種程度上會受到外在因素的制約。

譬如，在一班擠滿乘客的早班電車上，在行駛當中，想從最後一節車廂走到最前面的車廂，有可能嗎？我認為要在擠滿乘客的車廂中移動是不可能的。本來是可以利用手腳自由行走，可是當有他人存在時，就成為難事了。

但若在非上下班的巔峰時間，同樣是從最後的車廂走到最前面的車廂，應該是很容易的事，但在巔峰時段就幾乎無法做到了；理解自由意志之關鍵就在於此。

在人生當中，有僅靠自己的自由意志也無法解決的難題，也有憑藉自由意志可以解決的問題。自己目前所面臨的問題到底屬於哪一類，會受到每時每刻的判斷所左右。

當在靠自己的努力也無法開拓道路時，就好比是在客滿的電車中一樣，若不在其他方法上下功夫的話，就無法達到自己的希望。

有一個方法可以解決剛才在電車上移動的問題，即「等待時機」。等到其他乘客下車，車廂中的人變少時再移動。另外，還有一個辦法，即從最後一節車廂下車，從月台走到前面車廂再上車；但這個方法要排除掉必須一定得在車輛內移動之前提。這意味著可以利用特殊的方法，來發揮自由意志。

實際上這好比是在人生意想不到的地方，截斷前後，命運出現了變化的瞬間。當用平常的方法無法打開局面時，使用過去不曾用過的方法，從而能夠開闢道路。

因此，對自由意志可以分兩個階段來認識。

第一個自由意志，是常識範圍內的自由意志，即是「如果盡了力也徒勞無功時，就等待時機」。

第二個自由意志，就是如同下車走到第一節車廂的乘客一樣，鼓起勇氣走出現在的車廂，再登上別的車廂的特別方法。

精進佛道修行而獲得覺悟，從結果上來看，就好像在混雜的車廂中無法移動的人，暫時跳出車廂一般。當然，若不趕快上下車，就有車門關閉的危險，那或許可以說是像佛道修行一般的嚴酷。

總而言之，透過求悟修行能夠使你在生活中開闢出一條特殊的活路。自由意志的問題，也可以藉由這種特殊的方法，得到預料之外的結果。

六、地獄思想

在緣起思想之延長上，存在著「天國思想」和「地獄思想」。

與基督教不同，佛教理論的精妙之處，就在於佛教對天國和地獄的樣子，做了相當具體的描述。釋迦在世時，對天國、地獄等形形色色景象之所見所聞，形成了其思想的泉源。釋迦在瞑想時，常會讓靈魂脫離肉體，前往天國和地獄世界。之後，他便對身邊的弟子們講述自己在靈界的見聞。因此，弟子們也漸漸地掌握了天國和地獄的實相，並相信有這樣的世界存在。

佛教極為明確的詳述了地獄世界，而基督教在理論上稍嫌不足，雖有「不信基督者將下地獄」之說，但地獄究竟是怎樣的世界，卻有讓人難以具體去理解的一面。

佛教對於「地獄思想」有極為明確的描述，對於生存在地獄中的人之容貌，以及地獄界的情形，皆有很具體的說明。

因為釋迦是具有高度靈能的人，並且，包括後代的釋迦弟子中，靈能者也甚多。因此，他們能夠如實地把握住地獄的樣貌。

在地獄思想的內容中具有兩大重點。

第一個重點是「教育的效果」。

人們認為死後什麼都結束了，所以才會被此世種種快樂奪去了靈魂，因執著而讓己身灼熱。然而，佛教教導人們，來世是存在的，在世間持惡念、行惡行的人，死後到地獄，定會受到應有的制裁。如此說法讓人感到恐懼，所以也具有能夠增強其信仰心之一面。

在這一問題上，任何時代都相同，當靈魂提升到了一定層次時，就會傾聽更高次元的教義。但對尚未到達一定精神程度的靈魂來說，唯有讓他們感覺到「或許自己會惹上某些災厄」，進而才會相信並開始學習佛法；這可以視為一種方便之法。

第二個重點是「闡明了人的真正之姿」。

換言之，人的靈魂離開世間後，將前往心的世界，若心如惡鬼，那麼這個靈魂的外表就會變得像惡鬼一樣；若心如亡靈，就會顯現出亡靈之姿。佛教的地獄思想，清楚地闡述心是實體存在的，持有著惡心，就會引起怎麼樣的惡性現象。

七、地獄實態

很多人僅把地獄當做一種思想來理解，然而應該認識到，地獄不單是一種思想，而是現實存在，在地獄中生活的人會有現實的感受。雖然如此，這並不意味著地獄是佛創造的。人在生病發高燒時做夢，都是怎樣的夢呢？或許是漆黑、冰冷的夢境；或許是在被人追趕下倉皇逃命、掉入洞穴、遭逢事故等不幸的經驗。

實際上，此時大多是窺見了地獄的一部分；也可以說，惡夢本身即是地獄。

夢醒之後，一切都好像沒發生過，但那名為地獄的惡夢是難以醒來的，要醒來也需要幾百年的時間。在地獄中的人，雖然振振有詞地說：「這肯定是惡夢，這種事在現實中怎麼可能發生。」但不可思議的是，此人就是無法從這個惡夢中醒來。這種夢具現實感，他若不在地獄改過自新，就無法從中脫身。

天國、地獄並非存在於眼所不見的世界裡，天國不是在天空，地獄也不是在地下。天國、地獄與各位生存的世界共存，三次元世界共存著靈性世界，人心隨時與這樣的世界相通。

雖然世人的眼睛看不見，但實際上在人們的日常生活中，在公司中工作時，在學校裡學習時等等，在各種事物和行為的空間中，都有地獄和天國的運作。即使是在平坦、漂亮的道路上行走，在這個空間，也有可能上演著地獄性的殺戮劇。

靈界是一個非常不可思議的世界，所有的想法、心念都會變成現實。有時夢不僅僅是夢，可以認為靈界是醒來與睡眠正好顛倒的世界。

人在一生中，會做幾次極為逼真的夢，並且，有些夢的內容是以前做過的夢之連續。這種情形，多是以前曾在睡眠中到過靈界，並在學習各種經驗後回到了世間，之後又帶著這樣的記憶再一次來到了靈界，繼續這種靈界的體驗。

因此，若想知道自己是天國的人，還是地獄的人，想認識自己的心是傾向於天國，還是傾向於地獄，可以看看自己的夢境，就可知道了。

如果能看到在和平的世界中，與人分享喜悅的夢，其次數較多，這個人就會是天國的人。相反，總是在漆黑、淒涼、嚴酷的環境中不得安寧的話，就可以說此人在睡眠中去了地獄，這或許就是自己來世會去的地方。

當夢不再是夢的時候，你會怎麼做呢？那時你能仰賴的，唯有對佛法真理的認識。有無學習佛法真理，即成為一大分水嶺。

在世間生活時，只要認真地學習佛法真理，就能夠知道如何從惡夢般的地獄界中脫離。對於在生前未曾學過佛法真理的人來說，由於地獄裡沒有學校，所以無法得知怎樣才能逃出。因此，「知識就是力量」這句話是真理。

八、天國思想

接下來探討佛教是如何理解「天國思想」的。

在佛教中，把天國大致被分為三個部分。第一是「人界」，這是善人去的世界；第二是「天界」，這是已有了一些修行累積的人所去的光明世界；第三則是稱之為「佛界」的佛神世界；這是佛教對天國的認識。

但實際上，天國具有各種要素，依此還可以再細分成為四次元、五次元、六次元、七次元、八次元、九次元的世界，事實上還可以再分得更細微。

由於靈界是意識的世界，如果在意識上出現了微妙的差異，彼此居住的世界也就隨之分開來。雖然統稱為天國，但其層階是千差萬別的。

然而籠統地說，在天國當中，在某種程度上覺悟到做為人的善性之人，居住在「五次元善人界」；在社會中已獲得某種程度的成功，且心中有善的人，居住在「六次元光明界」；在這之上還有遠離人間的天人、天使的世界，即「七次元菩薩界」和「八次元如來界」。佛教明確地肯定了天人的世界，並且講述了天人有千姿百態，闡述了天國裡有從事各種職業的天人；這種認識已成為佛教的特色之一。

靈界是世間的延長，因為生活在世間的人死後將回到靈界，所以靈界應該與世間不會有太大的差異。如同世上的人在從事著某種工作一樣，靈界的人也會各自擔負著自己的職責，遂行著自己的工作。

九、天國實態

接下來進一步探討天國的實態，以及居住在天國的人具有怎樣的現實感受。

一般來說，天國是一個充滿光明、常樂的世界，也是一個常夏的世界和喜悅的世界。若以世人易於理解的方法來說明的話，可以說，天國是一個「彼此交情很好之人相聚，和睦相處」的世界。

對居住在天國的人之特徵，用一句話來說，即「天真爛漫」；居住於天國的條件就是不虛偽做作，有著那般天真爛漫的心。

另外，天國之人還具有對他人「溫柔以待」的氣質，同時也知道不僅要善待他人，同時也要善待自己。從這些想法的出發點上，可以看出天國的人持有「不給別人添麻煩，向周圍分享喜悅」的心。

再用更簡單的話來形容居住在天國的條件，即「在生活中能夠常露笑容」。這種笑容不是做作的笑容，必須發自內心。

因此，當回顧自己時，不知自己哪裡有錯的人，應該靜下心來思考：「當自己在失去頭銜、地位和名譽時，在生活中還能露出發自內心的笑容嗎？」

另外，還有一個非常簡單的觀察基準，即天國中沒有被眾人所厭惡的人，全是受人喜愛的人。人之所以能受人喜愛，就在於此人也喜愛他人。喜愛他人的人，最終一定會被眾人喜愛；這是一種法則。

因此，若自己於日後想回天國的話，就應該常保笑容，持一顆純樸的心，做一個被眾人喜愛，也喜受眾人的人。若做不到這一點，天國之門就不會打開。

如果自己不在乎眾人的厭惡，而自我陶醉，就應停下腳步想想：「盡受別人厭惡的自己，死後會去怎樣的世界呢？」

對此，希望各位不要誤解為「可以渴求他人愛自己」。當一個出現在他人面前時就會使別人心情變壞的人，是不可能前往天國的。

天國當中，其心如玻璃一樣透明，所以心中持有惡念時，就無法生活在天國。

從另外一個角度來說，心如透明的玻璃，就會讓人一眼看透。所以即使讓人看透自己的心底，也不會感到害羞的人，必定能夠前往天國。相反，若心中充滿惡臭、污濁和罪惡的念頭，這種臭氣熏天的人，絕不可能居住在天國。

請試想一下，當自己的想法，被他人赤裸裸地看穿時，會不會感到害羞呢？如果有很多地方需要遮掩的話，就表示自己的心，距天國尚且遙遠。

人要回到天國並非難事，即做到不虛偽、活得天真爛漫、誠摯純真地待人處世，抱持著無論是自己、還是他人都認為是美好的人生態度。

在一個互相能看到對方心底的世界裡，在生活態度上，必須對自己和對他人都能持有祝福的心。當具備了能夠感化眾生的力量的人，即說明肩負起了天使的職責。

十、建設佛國土的根本意義

上述以「緣起之法」為中心，論述了「命運論」、「自由意志論」、「地獄論和天國論」。佛教為何要講天國與地獄呢？歸根究柢，乃因為每天所播下的種，會造就天國與地獄。因此，為建設佛國土烏托邦，讓所有的人都能過美好的人生，就應該也在世間展開天國般的生活。

為此，應該如何去播種呢？首先應該深入理解「緣起之法」的涵義，過著既不害人，又不害己的生活，並在生活中進一步努力增進自己與他人的幸福。

世上有「好人吃虧」或「正直者受壓迫」等現象，但是，做好人沒有錯，做正直的人也沒有錯。雖然即便會被視為異類，但須知，做一個不弄虛作假、不坑害他人的正直之人，如此人生態度方式，是建設佛國土重要的一環。

人應抱持著真心而過，應抱持著誠意而過，不應陷害他人，並相信一切事物均存在於淨化與發展的過程中。人應該抱持著如天使般的人生態度，這至為重要。

建設佛國土絕非易事，但當千萬人認同了這緣起之法時，就有可能成真。人生是在原因和結果之連鎖上構成的，只要時時不忘播種善因，經過時間的累積，週遭必將出現好的結果。

如果目前你身邊出現了不好的現象和環境，那也只不過是因為過去播下的種子，現在結了果而已；當下應該專心於「朝著未來播下善種」的修行之上，此行為，即是「光明思想」之實踐。

所謂「光明思想」，即充分理解緣起之法、因果法則，播下善種，日後將能收穫好的果實。換言之，即使現在眼前的毒麥已經發芽了，那麼今後就不要再播撒有毒的麥種，開始播下好的麥種，專心地栽培，不久金黃色的世界就會呈現在眼前；光明思想即是在述說如此道理。

希望各位能以此為生活信條。

第六章

人之完成的哲學

一、何謂覺悟？

在最後一章，將探討「覺悟」這個淵源悠久的話題。可以說，釋迦佛教的魅力之根源，即在於「個人之悟」當中。「覺悟」是一個非常有趣的思想，這個思想，並非把人視為需要單純依靠他力來拯救的存在，人應該以自身的意志，站穩腳步，並向前邁出堅強的步伐；這是佛教具有人氣的秘密所在。

佛教的基礎理論相當堅實，或許有人認為佛教是一種既悲觀又軟弱的宗教，其實，在佛教當中，有使人堅強、讓人成為強者的法門。在二千數百年前，佛教提出了「人人在覺悟後可成佛」的思想，這在當時非常具有劃時代的意義。

這個思想，並非後世的大乘佛教所獨創，而是始於佛陀透過最初說法，使五個修行者獲得了阿羅漢之悟。

人在世上遵守常規，在社會、國家體制下為生活而努力是很簡單的，但是在其起點和終點上，終將具有回歸於「自己」的一面。因此抹殺個體的思想和理論，是很難有好結果的。譬如，共產主義即是如此。共產主義倡導國家至上，而在結果上卻使個人喪失了勞動和進取努力的意欲。

這部分與「個體和整體」的觀點相關聯。從整體當中分出來的個體、從佛的生命分離出來的「個性之光」，其存在的理由，即在「各自發揮個性，使其發光發亮」之上。

因此，雖然最終目標是追求整體的進步，但在出發點上，不能忽視每個人的個性之光，不能把每一個人都看作是相同的。如果是具有個性之光，散發著繽紛色彩的生命，其生命就必須放射出獨自的光輝來。

這即是說，「覺悟」並非單純僅是救贖，更包含著積極有力的價值。

「覺悟」與人生意義緊密相連，人的靈魂轉生到三次元世間這個不安定的世界，應該怎樣去發掘人生意義與生存意義呢？其答案即在「覺悟」之中。

換言之，「覺悟」即是「提高自覺，發掘自己的人生目的和使命，以及知曉世界的秘密」。歸根究柢，「覺悟」即「真正的知」，它能瞬間迸發出新的幸福感和巨大的能量。因此，不要將「覺悟」只看作是個人的覺醒，而應該認識到當中具有能讓個性發光、發亮的深層意義。

二、覺悟的前提

「覺悟」需要具備三項主要前提。

第一前提，即需認識到「人具有無限的可能性」。若缺乏這樣的認識，「覺悟」根本無法成立。

如果將人定義為「是漂浮在命運之河上的可悲、可哀之存在」的話，那麼就不可能有「覺悟」了。然而，佛教從根本上，看到人的本質是無限美好的。

第二前提，即「不發心即無覺悟」。所謂「發心」，是指內心激發出的意志，用別的詞來形容，也就是「菩提心」；「菩提心」即指求悟之心。

進取心不是外界給予的，熱情若不是從內心湧現出來的話，是無法獲得覺悟的。因此，「發心」對於要覺悟來說，是很重要的。發心是義務，也是權利；不發心則無覺悟。

第三前提，即要認識到「人透過努力即能獲得結果」。對此，就像前一章「緣起之法」中所說「播種就會有果實」。若沒有這種認識，也就不可能獲得覺悟。想要追求覺悟的人，就必須充分地掌握住「付出了多少努力，就必有相應的回報」之因果法則。

或許，也有可能付出了努力而沒有得到回報，但在心的世界中，只要有播種的行為，就必定會結果。譬如，當你對他人表達關懷，但卻遭到對方誤解為多管閒事。但是心的世界中，抱持對他人體貼的心，並施善行，其結果已經同時出現了。

換言之，在靈界只要出現成為原因的念頭或行動，即結果已同時產生。在覺悟的世界中，因果法則是確定無疑的。

一是抱持著「人有無限的可能性」的人生觀，二是發心和鼓起勇氣，三是認識到在覺悟的世界中，只要努力播種和培育，就百分之一百必有收成之因果法則。

以上即是想要覺悟的三項前提。

三、覺悟的方法論

接下來，我將論述覺悟的方法論。想要覺悟，有怎麼樣的努力方法呢？

在這個問題上，主要有三種方法。

第一個方法，即不斷修行，獲得智慧，有時會心靈之窗打開，體驗到靈性現象，擴大自己的認識力。可以說這是一條專業修行者、專業宗教家之道。

「專心學習佛法真理，置身於實踐佛法真理的生活中。隨之，不斷積累靈性體驗，並以獲得的認識力去觀察世間事物和自己。」從古至今，此方法最接近正道。

釋迦教團的特徵之一，即在於能夠培養出名副其實的宗教家。或許，當時的社會並不像現代社會如此複雜，有不少人捨棄了世間生活而出家。所謂「出家」，意指

「為追求覺悟，決心以一個專業修行者的姿態過生活」。

雖然在「出家的必要性」這個問題上有各種議論，但是必須承認，不論在任何領域，若不專心努力，便不能成大器。

譬如，要成為有名的演員和藝人，就必須全心去磨練演技。要想當畫家，如果不勤奮做畫，就難以成為真正的畫家。若只是在休假日練習，是無法在繪畫界成名的。釋迦教團由於認識到了這一點，所以積極地培養專業的宗教家。

第二個方法，是在家修行，即「立足於世間，身在三次元世界的生活中，心遨遊於佛法真理的世界，將自己的餘暇，全都用在探究、學習佛法真理和傳道。」

不是每一個人都能成為出家修行者，但在家修行也是一條覺悟之路。雖然與出家修行不同，但在某種意義上，在家修行有比出家修行還要困難的地方。因為於在家修行的環境中，週遭之事與佛法真理的距離顯得更為遙遠。那就好似在沙地上跑步，或者是穿著鐵鞋走路，困難重重。

然而，生活在遠離佛法真理的塵世中，若心仍然能夠時常朝向佛法真理的話，便藏有許多讓自己成長的力量。在這層意義上，又可以說在俗世中修行，能夠給靈魂帶來更多磨練機會。

第三個方法，是將「覺悟」以多種形式深入世間。在第二方法中，我舉出了在家修行是「職業為職業，佛道修行為佛道修行」之二分化的觀點，而這第三條道路，則是意味著要將覺悟，從宗教世界體現到一般世間。

這即是指，不僅是自己追求覺悟，還要把自己獲得的覺悟，以不同的形式表現出來。將佛法真理應用於藝術、文學、思想或者是工作、家庭等現實問題，多方面地展開。

這雖與覺悟的本道有所不同，但這是一種在自己本分內，實踐自我覺悟的人生態度。雖不是專業修行者之道，但也有這種將覺悟應用在各種領域之路。這是在現實生活中，以實踐佛法真理當中所獲得的經驗，化為自己追求悟境的食糧的一種方法。

四、覺悟的構造

在思索覺悟的構造之前，就必須闡明人的靈魂與心的構造。

為此，首先定義靈魂和心。

所謂「靈魂」，是指存在於肉體當中，與肉體同等大的靈性能量體。若以靈視去看人的肉體，可以看到與肉體同大小，同樣有眼、耳、鼻和口的靈魂。它本來只是無形的能量，但由於寄宿在人的肉體中，所以呈現出人體的形狀。

比較之下，心是靈魂的中樞、核心部分；就好比是雞蛋的蛋黃部分，這個控制靈魂的中樞部分稱之為心。若要從視覺的角度說明其位置，即在人的胸腔部位。

靈魂透過心與無限的世界相連，雖然每個靈魂各具獨立性，但心是隨時與無限的世界相連結著的；有時可將心看做是一條與無限世界相連的連接線。也可以說，這條連接線是一條管道，行於其中，可通往形形色色的世界。

總而言之，人的靈魂在三次元世界與肉體共存，心則是與四次元至九次元靈界的各個領域相連。從世間的角度來看，如此說法會感覺到非常不可思議，但請各位務必要認識到如此心的世界的構造。

這與哲學當中所稱「一即多、多即一」的觀點很相似，「雖在那裡，但又不是在那裡，雖不在那裡，但又是在那裡」。這種從表面上看似矛盾，但卻實際存在的世界，即是心的世界。因此，透過人的心「窗」，便可窺見實在界，其感覺好比是從高樓上的瞭望台，用望遠鏡俯瞰世界一樣，可以將所有世界盡收眼底。

心如同是瞭望台上的望遠鏡，如果能夠對準焦距，無論是多遠或多近的景色都能夠看到。既能看到遙遠的山岳，也可看到眼下城市的車水馬龍。只要對好的焦距，調整好鏡頭，就能夠看到形形色色的世界。

可以說，「覺悟」即是調整心的焦距的方法。

「覺悟」也有多次元的構造，左右著心的望遠鏡面向何方，使用多大的倍率，用怎樣的焦距觀察景象。要看近，要看遠，完全取決於你當下的立場。

多次元的世界，並非存在於遠離各位的某處，而是存在於現在，你既可以感覺到它，也可以將它轉變為自己的意識世界。

五、覺悟的效果

上一節用「調整心的望遠鏡上的焦距，觀測各種不同距離的世界」之比喻，說明了覺悟的方法。

隨之，「覺悟」的效果又是怎樣的呢？人在覺悟後又能怎樣呢？覺悟具有何等功德呢？也許會出現這一連串的疑問。

「覺悟」主要有三個效果。

第一個效果，即透過提高自身的認識力，可以消解世間的煩惱、痛苦和不安。認識力的提高，就意味著能夠將各種煩惱一掃而盡。

第二個效果，即是能夠為更多的人貢獻。人對自己和世界認識得越深透，就越是知道如何造福更多的人。「覺悟」在提升自身人格的同時，也能夠增強使他人受益的影響力。

第三個效果，即伴隨著覺悟，能感受到幸福。這種幸福感與收入的增加、地位的提升和受人讚賞等世間幸福感受完全不同，而是一種難以言喻的喜悅。這種覺悟於真理的喜悅，是人的靈魂所能體會得到的最大快樂。

人被賜予了這種喜悅，若不知這種喜悅，就不能說已經體會到做人的真實意義。「覺悟」是人生旅途中，佛所賜予的最大禮物。不知如此喜悅，就不能說是真正的人。

就像這樣，覺悟的第一個效果，即是能藉由認識力的擴大，消除煩惱；第二，能夠擴大使他人受益的範圍；第三，能享受到伴隨著覺悟而來的最高的喜悅、幸福感。

六、何謂阿羅漢？

在釋迦的教義中，做為教育的目的，最為重視的即是達到阿羅漢的狀態。阿羅漢之所以如此受到重視，正是因為達到阿羅漢境地，除了意味著做為世間之人在第一階段上得到了完成的同時，也代表著進入了一種易於與靈界高級諸靈交流的狀態。

換言之，「阿羅漢」意味著人在世間，可以感受到實在界的存在，並且活於世間就有如活在實在界一樣；此為最初的階段。

若以我講述的階段來說明的話，阿羅漢境界，相當於六次元光明界的上層階段之覺悟；六次元覺悟是充分地理解佛法真理的階段，而六次元上層階段是成為菩薩之前的階段，在此的人們，皆是菩薩的候選人，要準備通過困難關口而進入菩薩界的人們。

阿羅漢境界，大致上可分為兩個階段。第一階段，是「阿羅漢向」，這是朝著阿羅漢邁進之狀態。第二階段，是「阿羅漢果」；「果」指結果，阿羅漢果是指已達到了阿羅漢之狀態。

「阿羅漢向」和「阿羅漢果」有何差別呢？阿羅漢向的必要條件是，需自覺到自己是一個修行者，並且內心已不受煩惱和痛苦的束縛，在精進的道路上孜孜不倦。要達到阿羅漢果，必須維持如此狀態至少二、三年以上。

心安穩而無執著，即便遭遇糾紛、風波，也維持己心不亂的狀態，並且經常自我反省，精進而不怠慢，某種程度上能接受到來自天上靈界的指導。如此狀態持續三年，就可以說已達到了「阿羅漢果」，否則就非名符其實。

如果只是把「阿羅漢向」做為目標，有的人在一星期左右就可能達到。回顧自己年幼時期，反省所犯下的錯誤想法和言行後，此時雙眼淚下，「法雨」濕潤了臉頰，彷彿聽到了守護靈的聲音，沐浴於守護靈之光，此時有時能達到阿羅漢向的狀態。

就像這樣，快者三天至一個星期，便有可能達到阿羅漢向，然而關鍵就在於，能否讓如此狀態持久。一般人隱居於山中一週進行反省修行，可能會接近阿羅漢的狀態，但在下山返回了日常生活中，就常常會立刻蒙塵破功。

流下「法雨」，立誓要悔過自新的心情，若能持續二、三年，即能達到阿羅漢果的狀態。若在阿羅漢果的狀態下離開世間的話，無疑此人能夠返回位於六次元光明界上層階段的阿羅漢世界。然而，在已達到了「阿羅漢向」境界的人中，有許多人還是會跌落下來。這種情形好比是在登山，在快要到達山頂的時候，卻翻落下來。

從某種意義上來說，只要學習佛法真理和修行，到達「阿羅漢向」對任何人來說都是可能的。但要真正到達「阿羅漢果」則是非常困難，百人中也只有四、五人而已。

在到達了「阿羅漢果」的人中，繼續能夠進入菩薩境地的人，實際上十人中不足一人。假定「阿羅漢果」有百人，其中有十人若能進入菩薩界，就是極好的結果了。

要到達「阿羅漢果」的境界，需維持三年以上的「阿羅漢向」；而要進入菩薩的境地，則需維持一生。要成為菩薩的前提，必須要以「利他」為宗旨度過一生，這等同於在一生中，都需維持阿羅漢果的狀態。

因此，要進入菩薩境地極為困難。即便有一千名修行者，其中能達到菩薩悟境的非常的少。

七、阿羅漢的修行

以下進一步論述有關阿羅漢的修行。

如果指導者十分優秀，這一千名修行者都有可能到達「阿羅漢向」的境界，其狀態至少可持續一、兩個星期。但千人中只有大約五十人左右，有可能成就「阿羅漢果」。在這五十人中，繼續向上成為菩薩的，也不過只有五人上下；那是極為嚴酷的試煉。

阿羅漢的修行最重要的環節是什麼呢？其中主要有兩個德目。

第一德目，一生至死都抱持著要磨練己心的意志。人心如鏡，很容易沾染灰塵，要像每天擦拭鏡子一樣，不斷地擦拭己心。

為此，必須將磨練自己之課題納入日常生活。就像洗碗、洗衣服、打掃一樣，透過日常生活每天擦拭己心，直到一生結束。

第二德目，即保持謙虛的姿態。在阿羅漢的階段上，最危險的即是「增上慢」，自己陶醉於微小的覺悟當中，滿足於小成之中。

尤其是在阿羅漢狀態中，很容易出現靈性現象，有時能看到他人的後光，或者能聽見守護靈的聲音，因此極易產生「自己是偉大的光明菩薩」等錯覺。

所以有著謙虛的態度很重要；即使自己出現了靈性現象，也不可有「慢心」，需平靜地將其視為一種經驗，並努力在玉石當中篩選玉出來。換言之，在靈性感覺上須具備安定感，但在現實當中，很少人能像優秀的駕駛控制車輛一樣，對靈性現象駕控自如。

第一，一生不忘磨練自己，第二，將謙虛銘刻於心。這兩個德目在阿羅漢的修行中非常重要。

八、菩薩的本質

接下來講述在「阿羅漢」之上的「菩薩」境界。

若沒有在阿羅漢的狀態下輪迴轉生三次，將難以成為菩薩；此為靈界的構造。人在輪迴轉生的過程中，能達到阿羅漢狀態者，大多是在有偉大的導師降生世間之際。而在此之外的時代，一個平凡人僅憑自己的力量，要達到阿羅漢的狀態是很困難的。雖然也有少數人靠自己的人生經驗，獨自到達了阿羅漢境界，但可說是鳳毛麟角。

阿羅漢大量誕生的時代，亦是偉大的指導者降生世間之時。當偉大的指導者出現時，人們無不希望自己能夠在這樣的時代轉生。

大導師降生於世間，成為其弟子，學其教義，進而到達阿羅漢後，即能為自己積累一定的實力。這好比是打擊率已達到三成的棒球選手，一旦有了三成以上的打擊能力，實力是不會那麼容易就掉下來的。

在大導師的指導下到達阿羅漢境界之人，在三次的輪迴轉生中，都能維持阿羅漢的狀態的話，就可以準備向菩薩境界提升了。

對於菩薩之認定，其條件極為嚴格。要想達到認定的標準，必須要有漫長歲月的實際經驗之積累。一般人大約平均每隔三百年左右轉生到世間一次，要成為菩薩，在到達阿羅漢之後，還大約需要經歷千年的歲月。非經過如此修行，就不能成為菩薩之一員。

因此，以菩薩為目標的修行者，需有千年不退轉的氣概。對一般的人來說，即使能做一、兩年的努力，但是若缺乏堅定意志、謙虛和持續努力的性格，千年間的持續努力談何容易。

經歷了千年磨練的菩薩境地，就不容易被摧毀了。菩薩以上的境界，便是專業指導者，專業教育者的世界了。專業和業餘之差是顯而易見的，若心靈不經過千錘百煉，就不能被稱之為專業。

要成為菩薩，必須要積累如此漫長的修行歲月，這並非一朝一夕而能成就的。不要以為些許的關懷和愛心捐款等作為就能成為菩薩，而是需要有堅韌不拔的精神和孜孜不倦的進取意志。

在菩薩的本質中，有「利他」和「愛」的要素，在這個「愛」之深處，存在著「要讓世間更美好」的決心和不動搖的意志；這也是孜孜不倦的求道者所特有的「堅忍不拔」的意志。

換言之，為了拯救眾生、讓世間充滿光明和建設烏托邦世界，經年累月不斷走在這條精進之路的人，即能散發出菩薩之光。

他們所散發的光明，並非是虛偽的裝飾，而是發自心靈深處之光。這是在幾百年，幾千年的修行後，從其心靈深處閃耀出的光輝。這個光輝絕非借來之物，而是來自此人的心靈深處。

九、如來的本質

以上講述過，在千人「阿羅漢向」中，若有五人能成為菩薩，即是很好的結果了。從阿羅漢繼續向菩薩境界的修行，尚需千年的歲月。

進而，「菩薩」再繼續向「如來」做努力，又將會是怎樣的呢？在菩薩境界中轉生二、三十次，並且，無論是在任何時代和地區，皆能達到自己八成至九成目標的人，靈魂的安定感和工作能力得到了承認，即成為如來。

因此，從菩薩到如來，需要累積一萬年以上的成功經驗，並且那還必須是「菩薩界上層階段」的菩薩，所以是極為艱難的修行。

即使進入了菩薩界上層階段之後，在一萬年輪迴轉生的過程中，在一定程度上還是會出現起伏不定，還有時候會犯錯。菩薩本應勉勵眾生，但有時可能成為新興宗教的教祖，或者被魔所操縱，誤認為自己是宇宙中的根本神，進而犯下錯誤。

然而，即使是犯了如此錯誤，但由於本來有著崇高靈格，所以終將能夠重返原本的世界，但此時需要再次從零開始。即使在菩薩界下有了一、兩千年的修行，但一旦墮落，就要經過兩、三百年來洗滌心靈上的塵埃，從頭開始修行。

如此，「上層階段的菩薩，維持一萬年的成功」，即是如來的條件。也許即使取得了九千年的成功，在所剩的一千年裡出現了錯誤時，這九千年的努力將功虧一簣，又需要再從零開始萬年的挑戰；如來的修行是如此艱難的。

為此，在上層階段菩薩中能夠成為如來靈格的人，也許在一萬年間，五百人中只會出現一個人左右。五百人的上層階段的菩薩，持續一萬年的努力，才會有一人成為如來。

現今靈天上界中，以如來境界為目標而精進的上層階段菩薩，有兩千人左右。假如按五百分之一的比率來計算的話，兩千人當中會出現四位如來。換言之，在一萬年當中，只有四人能從菩薩境界進入如來境界。即平均兩千五百年，才會出現一位如來。

現今，世間人口約六十多億，若包括天上靈界的人口，總數約有五百億。這五百億人的修行累積結果，在兩千五百年間，只誕生出一位如來；如來之道是如此艱難。

雖說平均兩千五百年才誕生出一位如來，但是，這位如來的出現，對全人類來說是極為慶幸的事。這好比在房間裡裝上了一盞一百瓦的電燈，黑暗中頓然豁亮。在靈界中兩、三千年一度的如來誕生，就彷佛新增了一盞巨大的吊燈，每每為其歡喜。這位新的如來，將會使天上界的力量大增。

在天上界，這種堅韌不拔的活動從未停息。成為如來之人，有如女王蜂一般，成為眾人的精神中心；如來的出現即是新的指導者之誕生。如來在如此漫長歲月的精進求道中，積聚不可動搖的實力，並以此實力引導眾生。

現在天上界的如來尚不到五百人，這四百多人在引導著近五百億的眾生；因此一位如來必須具備能指導約一億人的力量。

要養成如此指導能力，就需要上層階段的菩薩修行中連續成功一萬年。只要積累了如此實績，任何人都必能進入如來之路。

十、成佛之道

以上是成如來之道；即便是平凡的靈魂，若付出了不懈的努力，成功終將到來。事實上，已有許多地球出身的人達到如來境界。

在「如來」境界之上，還有「佛陀」之偉大存在。「佛陀」意指「覺醒之人」、「大悟之人」，在每個行星上，做為救世主，照耀世間。

如此佛陀在地球靈團中有十位。被稱為「佛陀」之存在，不僅是指導一億人，更必須要有實力能擔負起指導一個靈團的責任。

從如來成為佛陀，換言之即九次元大如來，需要付出何等的努力呢？做為如來至少要具備累積一億年引導人類的實際成績，否則就無法成為佛陀。

做為如來不斷地轉生，累積著一億年以上的引導人類的功績，這才能夠進入九次元大如來、救世主的世界。先前說到，上階段菩薩要成為如來要花一萬年的時間，而如來要成為大如來，則需要花一億年的歲月。

因此，目前八次元近五百位如來，若不歷經億年歲月，是無法成為大如來的。若在這期間稍有沉淪，就需要再從零開始精進。

雖說平均一、兩億年就會有一位左右的如來誕生，但至今，地球靈團尚未有大如來誕生。現今十位九次元大如來，都是從其他天體而來的；他們是參與了創建地球靈團的大靈。

但是在地球出身之靈中，已有數人進入了八次元上層階段的「狹義太陽界」，他們有可能成為大如來。或許在這幾千萬年之內，就會有大如來的出現。

當新的大如來誕生，九次元大指導靈數量增加時，屆時某位大如來將會向其他行星移動，進行嶄新的指導。

就像這樣，人的靈魂就是處於永恆的進化和永恆的努力之過程中。為獲得最終的勝利，唯有忍耐和孜孜不倦地努力；所有的方法盡歸於此。

為何要讚美忍耐和努力呢？因為它能給更多的人帶來幸福。各位須知，唯有為更多的人創造幸福，才是最大的幸福。

後記

各位讀者在閱讀完本書時，或許會為達到覺悟的境界如此之難而嘆息。的確，悟道需要歷盡千辛，並非易行之道。但唯有下定決心，才是悟道之起點，那亦是到達終點的原動力之源。

若本書能夠指引人們朝向無限的靈性進化的話，那即是作者無上的喜悅。

幸福科學集團創始人兼總裁　大川隆法

What's Being 028

沉默的佛陀與釋迦的本心

國家圖書館出版品預行編目（CIP）資料

沉默的佛陀與釋迦的本心 / 大川隆法著. -- 初版. -- 臺北市
: 信實文化行銷, 2013.09
面； 公分. -- (What's being ; 28)
ISBN：978-986-5767-00-6（平裝）

1. 佛教教理 2. 佛教修持

220.1　　102016922

作　　者　大川隆法
總 編 輯　許汝紘
副總編輯　楊文玄
美術編輯　楊詠棠
行銷經理　吳京霖
發　　行　楊伯江
出　　版　信實文化行銷有限公司
地　　址　台北市大安區忠孝東路四段 341 號 11 樓之三
電　　話　（02）2740-3939
傳　　真　（02）2777-1413
www.wretch.cc/ blog/ cultuspeak
http://www. cultuspeak.com.tw
E-Mail　cultuspeak@cultuspeak.com.tw
劃撥帳號　50040687 信實文化行銷有限公司

印　　刷　彩之坊科技股份有限公司
地　　址　新北市中和區中山路二段 323 號
電　　話　（02）2243-3233

總 經 銷　聯合發行股份有限公司
地　　址　新北市新店區寶橋路 235 巷 6 弄 6 號 2 樓
電　　話　（02）2917-8022

© Ryuho Okawa 2013
Traditional Chinese Translation © HAPPY SCIENCE 2013
Original Japanese language edition published as 'Chinmoku-no-Buddha'
by IRH Press Co., Ltd. In 1993.
© Ryuho Okawa 2013
Traditional Chinese Translation © HAPPY SCIENCE 2013
Original Japanese language edition published as 'Syaka-no-Honshin'
by IRH Press Co., Ltd. in 1997.
All Rights Reserved.
No part of this book may be reproduced in any formwithout the written permission of the publisher.

若想進一步了解本書作者大川隆法其他著作、法話等，請與「幸福科學」聯絡。
社團法人中華幸福科學協會　地址：台北市松山區敦化北路155巷89號
電話：02-2719-9377　電郵：taiwan@happy-science.org　網址：www.happyscience-tw.org

著作權所有・翻印必究
本書文字非經同意，不得轉載或公開播放

2013 年 9 月 初版
定價　新台幣 300 元

更多書籍介紹、活動訊息，請上網輸入關鍵字 華滋出版 搜尋 或 九韵文化 搜尋